Mosaik bei
GOLDMANN

Buch

Ungeborenen Kindern und Säuglingen werden noch immer kaum Gefühle zugesprochen. Dabei ist das Neugeborene vom ersten Lebenstag an in der Lage, differenziert auf soziale Vorgänge zu reagieren und durch den ganzen Körper mit seiner unmittelbaren Umgebung, vor allem mit der Mutter, in Beziehung zu treten.

Aus ihrem großen Erfahrungsschatz schöpfend schildert Ursula Neumann einfühlsam die wesentliche Entwicklung in den ersten zwölf Lebensmonaten. Sie stellt Säuglinge als fühlende Lebewesen vor und betont dabei die zentrale Bedeutung der Bindung zwischen Mutter und Kind, in der sich das Kind heimisch und geborgen fühlen kann. Liebevolle und zugewandte Beziehungen wirken sich nicht nur positiv auf die kindliche Psyche aus, auch die Entwicklung der Nervenzellen und die Verschaltungen im Gehirn werden begünstigt. Schon im ersten Lebensjahr können Eltern den Grundstein dafür legen, dass ihr Baby ein glückliches Kind und ein selbstbewusster Erwachsener wird.

Autorin

Ursula Neumann ist Psychotherapeutin für Kinder, Jugendliche und Familien, Erziehungsberaterin und Supervisorin. Nach langer klinischer Tätigkeit arbeitete sie viele Jahre als Leiterin einer Münchner Erziehungsberatungsstelle, danach in freier Praxis. Sie lebt in Gauting bei München.

Ursula Neumann

Lass mich Wurzeln schlagen in der Welt

Von den seelischen Bedürfnissen unserer Kleinsten

Mit einem Geleitwort von Professor Dr. Gerald Hüther

Mosaik bei
GOLDMANN

Alle Ratschläge in diesem Buch wurden von der Autorin und vom Verlag sorgfältig erwogen und geprüft. Eine Garantie kann dennoch nicht übernommen werden. Eine Haftung der Autorin beziehungsweise des Verlags und seiner Beauftragten für Personen-, Sach- und Vermögensschäden ist daher ausgeschlossen.

FSC
Mix
Produktgruppe aus vorbildlich bewirtschafteten Wäldern und anderen kontrollierten Herkünften

Zert.-Nr. SGS-COC-001940
www.fsc.org

Verlagsgruppe Random House FSC-DEU-0100
Das für dieses Buch verwendete FSC-zertifizierte Papier
Pamo Sky liefert Arctic Paper Mochenwangen GmbH.

1. Auflage
Vollständige Taschenbuchausgabe September 2010
Wilhelm Goldmann Verlag, München,
in der Verlagsgruppe Random House GmbH

Umschlaggestaltung: Uno Werbeagentur, München
Umschlagillustration: Mauritius Images/age
Satz: Buch-Werkstatt GmbH, Bad Aibling
Druck und Bindung: GGP Media GmbH, Pößneck
CB · Herstellung: IH
Printed in Germany
ISBN 978-3-442-17164-4

www.mosaik-goldmann.de

Dieses Buch widme ich Thomas K.
und seiner Bilanz als 16-jähriger Patient:

»Dass ich ein einmaliger Mensch bin und bleiben werde, hat mich froh gemacht und mich herausfinden lassen, auch jeder andere ist einmalig. Das Leben wird nicht mehr langweilig sein können.«

Inhalt

Zum Geleit

Wenn die Amerikaner heute noch einmal auf den Mond fliegen wollten, hieß es kürzlich in einer Pressemitteilung, so könnten sie das gar nicht mehr, denn zu viel von all dem »Know-how«, das die NASA für ihre Apollo-Flüge entwickelt hatte, ist inzwischen entweder verloren gegangen oder aufgrund der rasanten Fortschritte auf dem Gebiet der Computertechnologie unbrauchbar geworden.

Immer rascher wird in unserer heutigen, hektisch gewordenen Welt altes Wissen durch neues ersetzt. Vieles von dem, was gestern noch gut und richtig war, erweist sich heute als nutzlos und ist morgen vielleicht sogar falsch. »Wer sich diesen Veränderungsprozessen verschließt, verbaut sich und seinen Kindern die Zukunft«, warnen die Apologeten des Fortschritts all jene, die noch immer versuchen, sich einem allzu raschen Wandel ihrer Lebensverhältnisse und Lebensbedingungen zu widersetzen. Bei einer zunehmenden Zahl von Menschen wächst daher die Bereitschaft, sich an die Erfordernisse immer neuer wirtschaftlicher und technologischer Errungenschaften anzupassen. Auch an deren Ausstrahlungen auf das Leben im Beruf, in der Freizeit, in der Öffentlichkeit, bis hinein ins Familienleben und die Erziehung ihrer Kinder.

Die Welt verändert sich, und wir müssen offen sein für diese Veränderungen. Lebenslang müssen wir lernen, neue Herausforderungen anzunehmen, sie zu lösen und uns weiterzuentwickeln. Das ist richtig. Aber manches ändert sich auch nicht, manches muss auch so bleiben, wie es ist, muss so bleiben, wie es geworden und gewachsen ist, damit uns und unseren Kindern nicht der Boden weggezogen wird, auf dem wir stehen und auf dem sie lernen müssen, später einmal selbst zu gehen. Vertrauen zu anderen Menschen, auch zwischen Eltern, Erziehern und Lehrern und ihren Kindern, darf beispielsweise nicht verschwinden. Auch die Liebe nicht. Und auch nicht die Fähigkeit, Verantwortung für andere zu übernehmen, und die Bereitschaft, all jene zu schützen, die sich nicht oder noch nicht selbst wehren können. Wir brauchen auch weiterhin Hoffnung, Zuversicht und die Vision von einer friedfertigeren, menschlicheren Welt. Und wir werden auch zukünftig genauso viel Mut, Kreativität und Entdeckerfreude brauchen wie all jene Menschen, die sich bereits vor hundert, vor tausend oder vor zehntausend Jahren darum bemüht haben, ihren Kindern all das mit auf den Weg zu geben, was diese für ihre weitere Lebensgestaltung benötigten.

Die Dinge, auch die Fähigkeiten und Fertigkeiten und nicht zuletzt das Wissen, das Eltern ihren Kindern mit auf den Weg geben konnten – all das hat sich im Lauf unserer Geschichte immer wieder gewandelt. Immer war es von dem abhängig, was die Menschen einer bestimmten Zeit wussten, konnten und brauchten. In vielen Regionen und Kulturen ist das auch heute noch sehr unterschiedlich. Kinder, die im Polarkreis aufwachsen, lernen beispielsweise zwei Dutzend Schneesorten auseinanderzuhalten, und diejenigen, die im Amazonasgebiet groß werden, können 120 verschiedene Grüntöne unterscheiden und benennen. Eines aber hat sich nie allzu sehr verändert und ist überall auf der Erde, wo Eltern Kinder aufziehen, schon immer so gewesen und wird wohl auch in Zukunft so bleiben: das emotionale Band, das sich nach der Geburt zwischen der Mutter oder einer anderen nahestehenden Bezugsperson und jedem neugeborenen Kind entwickelt – oder die »emotionale Nabelschnur«, wie Ursula Neumann dieses Band so anschaulich nennt. Immer und überall sind Kinder darauf angewiesen, dass ein anderer Mensch bereit und in der Lage ist, diese Bindung zu ihnen herzustellen, sie zu versorgen, sie zu wärmen und sie zu beschützen, ihnen zu zeigen, dass man sich in der Welt geborgen fühlen und zurechtfinden kann.

Sicher gibt es zwischen verschiedenen Kulturen gewisse Unterschiede, wie lange den Kindern dieses emotionale Band geboten wird, wie fest es sich ausbildet und ab wann es von den Erwachsenen gelöst wird oder gelöst werden muss. Aber in einer Welt, in der Kindern und ihren Müttern das Knüpfen dieses engen emotionalen

Bandes nicht mehr gelingt, wird auch das entscheidende Band rissig, mit dessen Hilfe die wichtigsten Erfahrungen von einer Generation auf die jeweils nachfolgende Generation übertragen werden. Ein Kind, das in eine Welt hineingeboren wird, in der es niemanden findet, der es zumindest einigermaßen beschützt, der ihm wenigstens etwas Mut macht und ihm ein bisschen Vertrauen schenkt, kann nicht weiterleben – auch wenn es noch so regelmäßig, aber wort-, gefühl- und kontaktlos gefüttert, gewickelt und schlafen gelegt wird. Es hat keine Möglichkeit, in den Augen und den Gesten etwas über einen anderen Menschen und damit auch über sich selbst zu erfahren, es ist gezwungen, sich nur mit sich selbst oder dem Bettgestell zu beschäftigen. Es kann so weder verstehen lernen, was Schmerz und Leid, noch was Freude und Glück bedeuten. Es wird, wie Kaspar Hauser, die Sprache seiner Mutter nicht erlernen und nichts von all dem übernehmen können, was diese Mutter kann und weiß.

Wären je Neugeborene, wie die Sage von Romulus und Remus, den Gründern Roms, uns glauben machen will, von einer Wölfin genährt und versorgt worden, sie hätten keinen Grund, keinen Mut und keine Anregung gehabt, um zumindest auf zwei Beinen laufen zu lernen. Der Grund dafür ist einfach: Das kindliche Gehirn ist zum Zeitpunkt der Geburt nur so weit ausgereift und nur für die Erfüllung all jener Aufgaben vorbereitet (»vorprogrammiert«), auf die es für das nackte Überleben ankommt: auf die Regulation »innerer« Körperfunktionen, also von Atmung, Kreislauf, Drüsen- und Darmtätigkeit etc., auf die Ausführung bestimmter motorischer Reflexe, beispielsweise den »Klammerreflex«, und auf die Aktivierung von Notfallreaktionen zum Schutz, etwa durch Schreien und Abwehren. Aber jeder Säugling hat bereits vor der Geburt auch eine Menge gelernt, was ihm nach der Geburt hilft, Vertrautes wieder zu erkennen und seine Mutter wieder zu finden: an ihrem Geruch, an ihrer Stimme, an ihrer Wärme, ihrem Schaukeln etc. So ist jeder Säugling also bestens vorbereitet auf all das, was ihm (und der Mutter) hilft, eine sichere emotionale Bindung auszubilden.

Weshalb erzähle ich all diese Selbstverständlichkeiten in einem Vorwort, dessen einzige Aufgabe es sein soll, auf das hinzuweisen, was mir an diesem Buch von Ursula Neumann so besonders wichtig erscheint?

Der Grund hierfür ist ebenso banal wie erschreckend: Ähnlich wie die Amerikaner in unserer schnelllebigen Zeit innerhalb weniger Jahrzehnte die Fähigkeit verloren haben, zum Mond zu fliegen, so sind heute zunehmend mehr und mehr Mütter in unserem Kulturkreis dabei, das intuitive Wissen zu verlieren, das ihnen hilft, eine Sicherheit bietende und Mut machende Bindungsbeziehung zu ihren neugeborenen Kindern einzugehen. Dieses intuitive Wissen ist der wohl wertvollste Schatz, den wir als Menschen besitzen. Normalerweise wird er automatisch von einer Generation zur nächsten weitergegeben. Es ist über viele Generationen überliefertes Brauchtum und Haltung und Wissen in einem. Erworben wird diese mütterliche Kompetenz durch eigene Erfahrungen während der frühen Kindheit, durch Anleitung und Belehrung durch erfahrene Mütter, durch Ausprobieren und Üben im Umgang mit kleineren Kindern, meist jüngeren Geschwistern, und durch die unbewusste Übernahme von Ritualen und Verhaltensweisen, von Bewertungen, Richtlinien und Maßstäben, die sich in einem bestimmten Kulturkreis entwickelt und ausgebreitet haben. Es handelt sich also um ein aus verschiedenen, aber im Allgemeinen sehr bewährten Quellen in einer Mutter zusammengeflossenes und deshalb auch sehr verlässliches kollektives »Erfahrungswissen«.

Innerhalb weniger Generationen sind nun diese Quellen für viele derjenigen Frauen, die heute und hierzulande Mütter werden, eine nach der anderen mehr oder weniger rasch versiegt und ausgetrocknet. Zerfallen sind die meisten Großfamilien, in denen auf das Erfahrungswissen von Groß- und Urgroßmüttern zurückgegriffen werden konnte.

Weitgehend verschwunden sind auch kinderreiche Haushalte und Familien, in denen Mädchen erfahren konnten, wie es ist, ein kleines Baby in den Händen zu halten. Vergessen sind die meisten Rituale und Maßstäbe, die als Richtschnur mütterlichen Handelns über Generationen hinweg tradiert worden sind. Hilf- und orientierungslos sehen daher immer mehr werdende Mütter als

Erstgebärende dem entgegen, was wohl nach der Geburt auf sie zukommen mag.

Wo sicheres, verlässliches Erfahrungswissen fehlt, wächst Verunsicherung. Und wo Verunsicherung um sich greift, gedeihen Ratgeber und Handbücher, besonders diejenigen, in denen möglichst einfache Rezepte zur Bewältigung der »Probleme« vieler werdender Mütter angepriesen werden. Was dabei allzu leicht aus dem Blick gerät, stellt Ursula Neumann nun in ihrem Buch konsequent ins Zentrum: Die Qualität der sich nach der Geburt entwickelnden Beziehung zwischen einer Mutter und ihrem Kind wird nicht bestimmt durch sorgfältig eingeübte Techniken, nicht durch angelesenes und auswendig gelerntes Sachwissen, auch nicht durch die Teilnahme an praktischen Kursen und Lehrgängen. All das mag hilfreich sein oder auch nicht. Darauf kommt es Ursula Neumann in ihrem Buch nicht an. Ihr geht es um das Entscheidende: um die Stärkung der Fähigkeit einer Mutter, ihr Kind so liebevoll und so zärtlich wie nur irgend möglich anzunehmen und sich ganz offen, vorurteils- und bedenkenlos auf dieses Kind einlassen zu können.

Was Ursula Neumann ihren Leserinnen – und hoffentlich auch einigen werdenden Vätern als Leser – hier anbietet, ist weder ein Sachbuch noch ein Ratgeber. Es ist ein leicht lesbares und verständlich geschriebenes »Mut-Mach-Buch« für alle Menschen, die sich für das entschieden haben, was wohl das Schwierigste, aber auch Beglückendste ist, wofür sich ein Mensch überhaupt entscheiden kann: ein Kind auf seinem Weg in die Welt zu begleiten und ihm zu helfen, dort auf eigenen Füßen fest stehen und sicher gehen zu lernen.

Dr. Gerald Hüther,
Professor für Neurobiologie
an der Psychiatrischen Klinik der Universität Göttingen

Alle kleinen Schritte sind fruchtbar.

RAFIK SCHAMI

Worum es geht

Können Sie sich, liebe Leser, mit dem oben genannten Leitsatz anfreunden? Mir scheint er für ein Säuglingsbuch gut geeignet, für die ersten zwölf Lebensmonate, in denen viele kleine Schritte zu beobachten sind und die einen fruchtbaren Wandel vom Säugling zum Kleinkind herbeiführen. Aus dem hilflosen Liege-Baby entwickelt sich ein Entdecker-Kind, das sich an Schrank und Sofa aufrichten lernt und das die Anziehungskraft der Erde überwindet. Den Leitsatz hat ein gebürtiger Araber geschrieben, der seit mehr als 30 Jahren in Deutschland lebt und heute zu den erfolgreichsten Schriftstellern gehört. Mit wenigen poetisch verschlüsselten Worten fordert er auf: Betrachte jeden *kleinen* Schritt auf dem langen Entwicklungsweg des Menschen als einen fruchtbaren Schritt: Er kann dazu beitragen, sich selbst und auch andere lieben zu lernen.

Der Wandel vom total abhängigen Säugling zu einem *neugierigen* Entdecker-Kind geschieht nicht von allein.

Seine neue Welt lernt der Säugling über seine Gefühle kennen, nicht über seinen Verstand. Und diese neue Welt besteht aus Mutter und Vater und auch aus anderen Bezugspersonen. Jede persönliche Lebensgeschichte beginnt im Zusammenspiel zwischen Kind und Mutter und Vater.

Schon vor gut 100 Jahren – so ist bei Theodor Fontane nachzulesen – gab man »jungverheirateten Damen« gern den Rat, Aufzeichnungen über das erste Lebensjahr zu machen; »in diesem ersten Lebensjahr stecke der *ganze* Mensch«. Dieser auch heute noch empfehlenswerte Rat verdient es, auf das zweite und dritte Lebensjahr ausgedehnt zu werden. Es lohnt sich, die ersten Worte und auch Wort-Sätze von Kleinkindern aufzuschreiben.

Hier am Beginn werde ich auf die Untrennbarkeit von Körper und Seele eingehen. Ich werde versuchen, Ihnen den Säugling in seiner Ganzheit von Körper und Seele vorzustellen. Sie lesen von Wünschen und Ängsten bei Schwangeren, von einem acht Wochen alten Embryo und vom ersten Zusammentreffen von Mutter und Kind. Und weil der Säugling vom ersten Tag an auf seine Mutter bzw. Ersatzmutter angewiesen ist, wird viel über das Miteinander der beiden die Rede sein. Ich werde einige kleine Schritte des heranwachsenden Säuglings von ihrer Innenseite her deutlich machen.

Dabei mache ich Sie gleichzeitig ein wenig mit der modernen Säuglingsforschung bekannt. Der Säugling hat es seit geraumer Zeit zustande gebracht, viele Forscher aus unterschiedlichen Wissensgebieten in seinen Bann zu ziehen. Die moderne Säuglingsforschung zeichnet sich dadurch aus, dass sie den ganz normalen Säugling in seinen Alltagssituationen anhaltend beobachtet und diese Beobachtungen mit den modernen technischen Mitteln aufnehmen und auswerten kann. Und da kein Baby »allein« existieren kann, werden auch *Mutter und Kind* in ihrem Zusammensein beobachtet. Man kann von einer abenteuerlich anmutenden Revolution in der Säuglingsforschung sprechen, weil es gelungen ist, den Säugling *selbst* auf anstehende Fragen antworten zu lassen. Vom Säugling als einer »Reflexmaschine« oder von einem »ersten dummen Vierteljahr« kann heute nicht mehr die Rede sein. Noch keine 20 Jahre ist es her, steht 1986 in einer »Deutschen medizinischen Wochenschrift« geschrieben, dass unter »Spezialisten« die Ansicht weit verbreitet war, weder Föten noch Neugeborene könnten Schmerzen empfinden. Mit dieser theoretischen Ansicht im Kopf wurden schwere Operationen bei Säuglingen bis zu ihrem dritten Lebensmonat ohne Anästhesie durchgeführt. Auch heute noch geistert vielfach die Meinung um, dass der Mensch als »leeres Blatt« geboren werde.[1]

Was ich Ihnen berichte, kommt aus langen, auch klinischen Erfahrungen mit Kindern und ihren Eltern, mit Erzieherinnen und Schwangeren und aus Beobachtungen von Säuglingen aus meinem Freundes- und Verwandtenkreis. Mein Menschenbild geht von einem unlöslichen Zusammenwirken zwischen genetischer Mitgift und individueller Lebensgeschichte aus. Ich habe kein Kind geboren und aufgezogen und habe daher keine eigene Elternerfahrung. Dass ich mich dennoch an ein »Säuglingsbuch« herangetraut habe, verdanke ich dem Vorschlag der Lektorin Dagmar Olzog vom Kösel-Verlag. Er kommt meiner Lebensbilanz insofern entgegen, weil heute mit offenen Augen zu erkennen ist, dass sich viele junge Eltern schwer tun, ihre Führungsrolle dem Säugling gegenüber auf sich zu nehmen. Nicht wenige Erwachsene neigen dazu, das kleine Kind als »kleinen Erwachsenen« zu betrachten, dem zugestanden werden müsse, über seinen Alltag Regie führen zu dürfen. Mütter wagen kein Nein, befürchten, sich damit schuldig zu machen, dem Kind etwas Schlechtes anzutun oder von ihm nicht mehr gemocht zu werden. Zugleich wird der Körper des Neugeborenen oft als *Wunder* erlebt. Das Angerührtsein vom Lebenswunder vermag so manches Tor für die neue Aufgabe zu öffnen und damit die Bereitschaft, das junge Leben zu sichern und zu schützen. Der Säugling wird mit hoch sensiblen »Fühlantennen« geboren; sie enthüllen ihm in den ersten zwölf Lebensmonaten die Welt, die ihm das Schicksal vorbestimmt hat.

Hat jeder Mensch eine Seele?

Sie lesen hier von einer jungen Mutter, die ich in sechs Kontaktgesprächen während ihrer Schwangerschaft beraten habe. Die 19-jährige Frau kam aus eigener Initiative; sie fühlte sich zunehmend irritiert darüber, ob sie die »Riesenaufgabe für ein lebendiges Kind« bewältigen könne. Sie hatte noch immer die mütterliche Instruktion im Kopf, nach der Kinder als »Reflexmaschinen ohne Seele« geboren würden, »Engel schenkten später braven Kindern eine Seele«[2]. Die junge Frau konnte gleichzeitig aussprechen, dass ihre inzwischen verstorbene Mutter psychotisch erkrankt war und zweimal im Jahr regelmäßig klinisch-psychiatrische Hilfe benötigte. Im letzten Kontaktgespräch kam es zu einem anhaltenden Tränenausbruch. Mich mutete dieser andauernde Tränenstrom wie ein Befreiungsakt an. Erst viel später konnte ich erfahren, dass die junge Frau als Kind »auf keinen Fall« vor der erkrankten Mutter weinen durfte.

Wohl nach einer halben Stunde berührte ich ihren Arm und fragte, ob sie einen Gedanken von mir hören wolle. Sie stimmte zu, indem sie mich anschaute: »Sie und ich, wir wissen beide nun ohne jeden Zweifel, dass Sie eine Seele haben; Maschinen können nicht weinen.«

Sie nahm noch einmal den Gesprächsfaden auf und bat am Schluss um einen »zweiten Satz«, über den sie bis zur Entbindung nachdenken könne:

»Ihr Baby wird Ihr Lebensgefühl erwärmen, und Sie werden staunen, wie sehr es bei Ihrer neuen Aufgabe mithelfen wird.«

Wenige Tage nach ihrer Entbindung schrieb sie mir in einem Brief: »Es ist wie ein Wunder – der winzige, wohlgeformte Körper, seine zarten Finger und Zehen, seine kleinen Arme und Beine. Ja – und dann seine Augen! Mit großen Augen hat mich Sofia angesehen, und plötzlich wusste ich, sie ist *mehr* als ein winziger Körper.«

Was hat die junge Mutter mit dem kleinen Wort »mehr« aussagen wollen? Was hat sie innerlich erlebt?

Vielleicht sind Sie einverstanden, wenn ich das Wort »mehr« als Ersatz für »Seele« lese. Der jungen Frau fiel es außerordentlich schwer, das Wort »Seele« über die Lippen zu bringen. In meinen Ohren klang es so, als trüge dieses Wort noch angewachsene Ängste über die offene Frage mit sich, ob sie selbst eine Seele besäße oder nicht. Dass sie etwas »plötzlich wusste«, lese ich nicht nur als intuitives Wissen darüber, dass das Baby seine Seele bereits mitbringt. Ich verstehe ihre schriftliche, wenn auch versteckte Anerkennung der menschlichen Seele im Zusammenhang mit ihrer Lebensgeschichte und ihrer aktuellen Situation.

Annette, so nenne ich die junge Mutter, hat mit 19 Jahren ein Kind geboren. In meinem Verständnis scheint für sie die Geburt dieses Kindes zu einem existenziellen Ereignis geworden zu sein. Sie hat einen Schritt heraus aus der »Kind-Rolle« der Mutter gegenüber getan und war bereit, die neue Verantwortung für ihr Kind mit Körper *und* Seele zu übernehmen. Die junge Mutter hat ihr Baby nicht als »Maschine« empfunden und auch nicht als nur stoffliche Substanz, für die Physiologie und Chemie zuständig sind. Für sie war es eine ganzheitliche Person im Besitz von Körper *und* Seele. Ihr Kind habe sie »mit großen Augen angesehen«; sein Bezogensein auf sie als Mutter hat diese offensichtlich sehr angerührt. Augen werden poetisch »Fenster« genannt. Durch Fenster kann man hindurchsehen. Auch ein flüchtiger erster Augenkontakt eines Babys kann seine Mutter tief in ihrem Inneren berühren.

Dieses erste Beispiel habe ich ausgewählt, um Sie von der *mächtigen* Kraft unserer Sprache, unserer Wortwahl wissen zu lassen.

Körper und Seele halten zusammen

In den Sätzen der oben genannten jungen Mutter klingt ein neues Menschenbild an, wenn sie schreibt, dass ihr Neugeborenes *mehr* als einen winzigen Körper besitze. Damit verbindet sich die Vorstellung eines *beseelten* Körpers, und das bedeutet eine Einheit von Körper und Seele. Genau diese Erkenntnis über die gleichzeitige Wirksamkeit von Seele und Körper ist heute auf wissenschaftlicher Ebene nachzuweisen. Intuitiv wissen die Menschen darüber schon lange.

Wenn man von der Galle spricht, die einem überläuft, denken wir nicht selbstverständlich an ein Gallenleiden. Und wenn kleine Kinder über Bauchschmerzen klagen, muss der Magen nicht krank sein; der Bauch, gleichsam die Mitte des Körpers, steht auch für inneres, nicht fassliches Unbehagen. Auch junge Mütter lernen meist schnell die Körpersprache ihres Babys zu übersetzen. Schreien steht nicht unbedingt für Hungerschmerz, es kann auch ein Signal für Kontaktwünsche, für körperliche Nähe sein.

Die gleichwertige Anerkennung von Seele und Körper wird lange Zeit brauchen, weil wir seit Jahrhunderten die Vorstellung eines zweigeteilten Menschen pflegen. Körper und Seele galten und gelten auch heute noch vielfach als zwei *nebeneinander* bestehende Substanzen. Eine Gegenvorstellung hat schon vor 100 Jahren begonnen, als der Facharzt Sigmund Freud den menschlichen Gefühlen eine biologische Funktion zuerkannte. Das war im damaligen Wissenschaftsverständnis eine schwere Kränkung, weil ein naturwissenschaftlich ausgebildeter Arzt nur gelten lassen konnte, was in seiner Substanz nachweisbar und messbar ist. Heute heißt ein Buchtitel des weltweit anerkannten Neurologen Antonio Damasio *Ich fühle, also bin ich*. Diese fünf Worte, so denke ich, werden in vielen Ländern der Welt das veränderte Menschenbild einläuten.

Vielleicht wachsen Ihre Urenkel mit einem Menschenbild auf, welches Fühlen und Denken als gleichwertige Erkenntniskräfte anerkennen wird. Ob ein Jahrhundert für eine solche Veränderung des Menschenbildes ausreicht, muss offen bleiben. Die Aussichten sind nicht schlecht. Seit geraumer Zeit geht die einseitige Wertschätzung von »reinem Denken und rationalem Handeln« verloren. Heute brauchen wir teamfähige und flexible Menschen, die verantwortlich handeln können. Ohne emotionale Bildung kommt keine Kooperation zustande.

Nach meinem Empfinden hat die couragierte Nonne Hildegard von Bingen in einer genialen Vision die *Einheit* von Körper und Seele erschaut und diese Gewissheit in der ihr eigenen poetischen Weise festgehalten: »Die Seele durchfließt den Leib wie der Saft den Baum.« Dieser Satz ist vor mehr als 800 Jahren geschrieben worden, im »finster«

benannten Mittelalter. Mich mutet er wie eine Geburtsurkunde für die psychosomatische Einheit des Menschen an.

Ihr Kind ist bzw. wird als *ganzheitliches Lebewesen* geboren. Es kann schon sehr früh verschiedenartige Gefühle ausdrücken, weil es die Fähigkeit dazu mitbringt; ausdrücken kann es seine Affekte nur mit seinem Körper, seiner Mimik, seiner Art der Bewegungen und auch mit seinen Augen. Der Körper des Babys stellt ein hoch sensibles Instrument für Körper *und* Seele dar. Und welche Mütter und Väter wollten ihr Kind nicht auch in seinem Inneren verstehen? Der Anfang fällt schwer, weil die Mimik des Säuglings noch nicht sehr ausgeprägt ist und Eltern Zeit brauchen, ihr zunächst unbekanntes Kind kennen zu lernen. Schon der wortlose Dialog bringt aber eine unsichtbare Verbindung zueinander, weil er auf der Gefühlsebene vor sich geht. Die frühen Gefühlserfahrungen mit Mutter und Vater nisten sich im Körpergedächtnis des Kindes ein.

Es ist der *Leib,* in dem das Kind seine frühen Erfahrungen sammelt. Er wird zum Wurzelboden, zum Ausgangspunkt, in dem sich der Säugling *selbst* erfährt. Was er am eigenen Leib erlebt, teilt sich seinen Milliarden Körper- und Nervenzellen mit. Darum kann der Leib als das eigentliche Gedächtnis für unser Leben bezeichnet werden.

Von Erfahrungen mit Schwangeren

Im Zeitraum von gut drei Jahren habe ich 700 Schwangere kennen gelernt in der jeweils ersten zweistündigen Einheit eines Vorbereitungskurses für Schwangere. Die Teilnehmerinnen untereinander kannten sich nicht, als Erstgebärende saßen sie alle wie im »gleichen Boot«. Das Motiv für diesen ungewohnten psychologischen Auftakt lag in der Absicht, den Frauen die Möglichkeit zu geben, sich über ihre gegenwärtigen persönlichen Fragen und Sorgen auszutauschen. *Wer* über *was* berichten mochte, lag in der Entscheidung der *Einzelnen*.

Die neun Monate andauernde Schwangerschaft bringt es mit sich, dass nicht nur im eigenen Leib Veränderungen vor sich gehen, sondern auch in der eigenen Gefühlslandschaft neue Fragen und Fantasien ins Bewusstsein drängen.

Dass heutige Schwangere andere Fragen haben im Vergleich zu zwei Generationen vor ihnen, ergibt sich unter anderem durch die Eingebundenheit des Menschen in den jeweiligen Zeitgeist. Wir sind nicht nur Kinder von Mutter und Vater, wir sind *auch* Kinder unserer Zeit. Ein Kind auszutragen ist eine sehr andere Fähigkeit, als ein Kind aufzuziehen. Erst die *Erfahrung,* das Neugeborene nun Tag und Nacht um sich zu haben, öffnet das Tor in eine *neue* Lebensgemeinschaft, in der auch Mutter und Vater sich *neu* zurechtfinden lernen dürfen.

Hier nun meine Auswahl von Sätzen werdender Mütter:

- »Ich freue mich wirklich sehr auf mein Baby und habe trotzdem heftige Zweifel, ob der jetzige Zeitpunkt das Richtige für das Kind und unsere junge Partnerschaft ist.«
- »Bei mir stehen innerlich Ja und Nein zu meinem Kind direkt nebeneinander – liegt das an meinem Charakter?«
- »Kann man sein Kind gleich nach der Geburt lieb haben, wenn man es noch gar nicht richtig kennt?«
- »Meine Mutter hat es geschafft, mich großzuziehen, so werde ich das auch schaffen. Rote Haare könnte ich gut ertragen, aber ein aufsässiges Kind würde mir gar nicht liegen.«
- »Ich bin als Einzelkind sehr allein aufgewachsen; kann ich mein Kind so erziehen, dass es sein Leben lang zu mir hält?«
- »Kleinere Kinder können mit zwei Jahren noch gar nicht sprechen. Wann muss ich mit Erziehung beginnen?«
- »Wie halte ich meine Mutter von unserem Baby fern, ohne sie zu kränken? Mir ist es gar nicht recht, dass sie mich fast jeden Tag anspricht, ob ich mich richtig auf das Kind freue.«

- »Mein Mann ist plötzlich auf unser noch ungeborenes Kind neidisch, ich mache ihm zu viel Aufsehen um das Baby.«
- »Ich höre von meinem Mann mit lauter Stimme, dass er mein Partner bleibt, auch wenn das Baby auf der Welt ist. Das Schlimme ist, dass ich nicht mit ihm darüber sprechen kann.«
- »Komisch – ich sehe jetzt meinen Mann fast nur noch als kommenden Vater. Unsere Ehe hat große Schatten bekommen.«
- »Ich habe Angst um unsere Ehe. Von einer konventionellen Ehe halte ich nicht viel. Ich möchte die Fürsorge für unser Kind vom ersten Tag an mit meinem Mann teilen, und er erlebt das wie eine Gewaltherrschaft.«
- »Ich werde mein Kind allein erziehen, auch wenn es aus Liebe geboren ist. Ich selbst habe drei Männer kennen gelernt: einen leiblichen Vater und zwei Stiefväter und keiner hatte etwas Väterliches an sich, das möchte ich meinem Kind ersparen.«

Der Blick in uns selbst ist uns nur eingeschränkt gegeben. Fast ist das Hineinhorchen nach innen, das Reflektieren, nicht zeitgemäß; das Außen hält uns gefangen. Ich wünsche Ihnen trotzdem die Bereitschaft und ab und zu Zeit, mit sich selbst ins Gespräch zu kommen. Vielleicht können manche Aussagen der Schwangeren dazu anregen.

Ein Blick in die vorgeburtliche Entwicklung

Vermutlich haben einige von Ihnen schon Filme über die vorgeburtlichen Lebensmonate gesehen und sind dabei erstaunt gewesen über die rasante Schnelligkeit, in der die Entwicklung von der kaum sichtbaren Keimzelle bis zum komplizierten Wunderwerk des menschlichen Körpers vor sich geht. Wer diese Naturkräfte mit nur einem Zipfel seines Herzens empfangen kann, wird eine erneute Ehrfurcht vor der Natur entwickeln, auch wenn diese für uns grausame Seiten haben kann.

Ich möchte hier die Leser einen Blick in die neue Säuglingsforschung tun lassen. Es geht um Beobachtungen von acht Wochen alten Embryonen. Bereits mit sechs Wochen ist ein gut ausgebildeter Körper zu erkennen, den wir getrost ein »Kleinst-Baby« nennen können. Diese »Kleinst-Babys« sind recht lebendig, bewegen sich mit den Armen, und ihr Herz schlägt schon zwei Wochen lang. Noch passt der kleine Körper in eine Walnussschale. Sein Körper *existiert* nicht nur, er *arbeitet* auch, jede Zelle hat ihre Aufgabe.

»Am Ultraschallbildschirm habe ich beobachtet, wie sich acht Wochen alte Embryos *flüchten,* wenn der Arzt ihnen mit einem in den Mutterleib eingeführten Untersuchungsgerät auch nur *nahe* kommt. Ein beeindruckendes Verhalten.«[3]

Ich teile Ihnen mit, was mich als Leserin dieser Zeilen beeindruckt hat. Bildhaft habe ich mir vorgestellt, was da beobachtet worden ist: Es sind Kleinst-Babys in der Größe von gut zwei Zentimetern und diese offenbaren die Eigenschaft, ihr Umfeld, das Fruchtwasser, wahrzunehmen und auf Veränderung zu reagieren. Es drängt diese winzigen Lebewesen zum *Flüchten,* also zum Rückzug. Dem Leben selbst liegt offensichtlich daran, sich zu schützen. »Leben will leben«, mit diesen drei Worten hat Albert Schweitzer das Wunder des Lebens festgehalten. Diese Beobachtungen an ungeborenen Kleinst-Babys lassen uns unmittelbar an einem sehr frühen Lebensvorgang teilhaben. »Wie wenig Lärm machen die wirklichen Wunder«, so heißt ein Satz des Verfassers des *Kleinen Prinzen,* Antoine de Saint-Exupéry.

In der wissenschaftlichen Sprache werden diese Reaktionen der Kleinst-Babys als aufkeimende Angstformen gewertet, darum spricht man von »Angst-Rückzugs-Reaktionen« im sehr frühen Entwicklungsstadium. Flüchten hat mit Angst zu tun. In diesem Sinn kann Angst als lebensichernde Kraft bezeichnet werden. Die Verhaltensforscher sprechen von »genetisch verankerten Grundbedingungen des Lebens für frei bewegliche Tiere« (Helga Fischer-Mamblona). Viele Tiere sind ständig auf der Hut, sich vor Gefahren einschließlich des Gefressenwerdens zu schützen.

Mit diesem kleinen Beispiel möchte ich Sie mit der sensiblen Reaktionsfähigkeit Ihres Babys vertraut machen. Seine körperlichen Unruhestände haben in den ersten Lebensmonaten nichts mit seelischen Konflikten zu tun, sondern mit seinen Körpergefühlen. »Die Seele durchfließt den Leib ...« Sein körperliches Unbehagen geht vorbei, wenn Sie tröstenden Kontakt mit seinem Körper aufnehmen; Unbehagen lässt sich nicht selten durch Liebkosungen auflösen.

Erstes Zusammentreffen von Mutter und Kind

Die folgenden Skizzen stammen aus einer Projektgruppe von Müttern, die ihre Erfahrungen mit ihrem eigenen Kind für ein Arbeitsheft des IFZE[4] aufgeschrieben haben. Sie lernen drei dieser Mütter kennen.

»Hallo – wir werden Eltern!«

Eine »rundum bejahte Schwangerschaft« kommt am Beginn des ersten Berichts deutlich zum Ausdruck: »Ich bin schwanger – ich werde eine Mutter – wir werden Eltern!« Die innere Bejahung dieser werdenden Mutter wird Ihnen noch zugänglicher werden:

»Endlich ist es so weit – meine Wehen setzten ein … nach einer Stunde und 40 Minuten kam Catherine auf die Welt. Es war wie ein Wunder – die kleinen Fingerchen und Zehen, die winzigen Ohren – einfach alles – und dazu noch ein Brocken von vier Kilogramm und 52 Zentimeter, der da in meinem Bauch Platz hatte, das wunderte mich sehr. Sie war so lieb, wurde mir gleich auf den Bauch gelegt und grinste zu meinem Mann, der hinter ihr stand:

Nun waren wir Eltern. Unser kleiner Spatz lag neben mir im Zimmer, ich musste ihn immer wieder ansehen, ich war so stolz!«

Selbstverständlich wäre es gegen alle Lebenserfahrungen, wollte man für jedes Baby den gleichen Empfang erwarten. Jeder Geburtsverlauf und jeder Empfang eines Babys haben ihre einmalige Gestalt. Jede Mutter hat ihre persönliche Lebensgeschichte, ihren sozialen und kulturellen Hintergrund. Auch die aktuelle Lebenssituation und das Lebensalter spielen in der Schwangerschaft natürlich eine Rolle. »Leben« gebären heißt nicht nur zum Schicksal seiner Kinder werden; jede Mutterschaft befrachtet schicksalhaft auch das eigene Leben.

Die »Angst, das Baby zu erdrücken oder womöglich aus dem Bett zu schubsen«, war bei der oben genannten Mutter nach der Geburt vorbei. Ihre »Mutterinstinkte kamen zum Vorschein« und führten zu der klaren Entscheidung, die »Bedürfnisse des Kindes zur Richtlinie« ihres Tuns zu machen. Die Mutter war bei der Geburt 33 Jahre alt, sie und ihr Mann erhofften sich seit geraumer Zeit ein Kind.

Was tat sich damals *zwischen* Mutter und ihrem Neugeborenen? Jeder von uns kann nur mit eigenen Augen sehen und von seiner Gefühlslage her eine Antwort finden. Dabei gibt es kein Richtig und kein Falsch. Ich spreche gern von einer »Großaufnahme«, wenn ich hervorheben will, was für mich das Zwischenfeld von Mutter und Kind charakterisiert.

Meine Großaufnahme lässt mich eine erste Liebeserklärung der Mutter an ihr Baby erkennen, welche wohl auch das Baby empfangen hat. Ihr Baby »war so lieb«. Es lag auf dem Bauch seiner ihm lang vertrauten Mutter; sein Verlust an Geborgenheit schien im Augenblick überwunden.

Wie sich das *Zwischen* von Mutter und Kind weiterentwickelt hat, soll hier ein wenig ergänzt werden.

Die Mutter »stillte hingebungsvoll«, das Baby Cathi »trank eifrig, schlief fest, konnte auch quengeln und schreien ... Schnuller wollte es nicht, Tee trinken auch nicht, nur meine Brust ... Zu Hause waren die ersten Wochen mit Cathi ausgefüllt mit Füttern, Wickeln, Waschen und Spazierenfahren.« Als das Baby dann auch die Teeflasche ablehnte, »wurde ich automatisch zur Milch-Teeflasche und zum Schnulli – und das war alles sehr zeitintensiv. Mein Baby war tagsüber ein ausgeglichenes Kind, strotzte vor Genügsamkeit und Wohlbefinden und genoss sichtlich den Hautkontakt und meine stressfreie Umgangsart. Die erste und letzte Machtprobe zwischen uns beiden trat mit fünf Monaten auf.«

Mit Hilfe dieser ersten Skizze möchte ich das biologisch verankerte Bedürfnis nach Nähe und Sicherheit, nach Körperkontakt hervorheben. Wie alles Angelegte im Menschen entwickelt sich auch dieses Bedürfnis *nicht* von allein, es ist auf Reize von außen, auf Antwort angewiesen. Die kleine Cathi trifft auf eine Mutter, die ihre Nähebedürfnisse intuitiv wahrnimmt und diese ausgiebigst »stillt«. Trotz erheblicher Körperbelastung gesteht sie ihrem Baby diese

Nähebedürfnisse zu. Sie hat sich entschieden, ihre vorhandene Potenz dafür einzusetzen.

Vom wohlig genossenen Körperkontakt zwischen Mutter und Kind ist überzeugend berichtet. Etwa vom zweiten Lebensmonat an lernt der Säugling mit seinem Körper, wie es um die Gefühlsbrücke zwischen beiden steht. Er kommt mit funktionsfähigen Sinnesorganen auf die Welt. Und weil jede Sinneswahrnehmung aus biologischen Gründen mit einer dazugehörigen Gefühlstönung wahrgenommen wird, stimmt der Satz, dass »Gefühle unser erster Verstand sind«.

Das kleine Kind *erfühlt* die Welt. Da die Haut ein besonders sensibles Sinnesorgan ist und unseren *ganzen* Körper umschließt, ist sie nicht zu betrügen. Wer sich »in seiner Haut wohlfühlen kann«, fühlt sich zugleich innerlich in seinem Seelenhaushalt wohl. Darum ist die Haut nicht nur äußerlich zu pflegen, sie mag auch *streicheln* leiden.

Vermutlich wissen viele Leser, dass indische Babys im ersten Lebensjahr regelmäßig massiert werden. Auch in vielen anderen asiatischen und afrikanischen Ländern ist die tägliche Babymassage eine Selbstverständlichkeit. Seit einigen Jahrzehnten ist auch in Europa das Interesse an Ayurveda, am »Wissen für ein gesundes Leben«, groß geworden. Der französische Frauenarzt Frédérick Leboyer hat mehrere Jahre in Indien verbracht und seine Erfahrungen in der Empfehlung einer »sanften Geburt« und einem »liebevollen Hautkontakt« mit dem Baby in Sprache und Bildern eindrucksvoll bekannt gemacht. Dass eine sanfte Geburt nicht zu sichern ist, soll genannt werden; das ändert jedoch nichts an der Empfehlung des liebevollen Hautkontaktes in den ersten Lebensmonaten.

Das indische Baby wird auf den ausgestreckten Beinen der Mutter massiert; diese sitzt bequem angelehnt und beobachtet ihr Baby sehr genau. Die Massagetechnik wird von Generation zu Generation weitergegeben; es lassen sich beruhigende und stimulierende Techniken unterscheiden. Langfristige Beobachtungen haben deutlich gemacht, dass nicht nur Haut und Durchblutung des Babys profitieren, sondern auch das Immunsystem. Die Fähigkeit des Babys zur Kommunikation mit der Mutter nimmt deutlich zu. Damit wächst auch ein Vorschuss an Selbstvertrauen. Und weil die Haut nicht nur eine bloße Hülle ist, sondern auch als Empfänger und Sender beschrieben werden kann, fließt die äußere Berührung auch *unter* die Haut und zaubert ein sichtbares Wohlbehagen hervor.

Viele junge Frauen, so denke ich, werden sich die Technik der Massage leicht aneignen können und in einem bilderreichen und praktischen Ratgeber dafür Unterstützung bekommen.[5]

»Janina war ›nur sieben Tage‹ brav«

Nach sieben Tagen kam die junge Mutter mit ihrer kleinen Tochter nach Hause. In der Klinik sei Janina ein »braves Baby« gewesen, zu Hause zeigte sie sich von einer ganz anderen Seite: »Es schrie vier Wochen lang. Manchmal drei Stunden hintereinander. Vor allem in der Nacht war das Stillen sehr schwierig – sie hat nur kurz getrunken und ist immer wieder eingeschlafen.« Zu Hause sorgte die Mutter für Haushalt, Ehemann *und* ihr Baby, welches sie offensichtlich von Anfang an als »brav und pflegeleicht« eingestuft hatte.

Diese junge Frau hat gewiss nicht erfahren können, dass ein Neugeborenes fast vier Fünftel seiner ersten Lebenstage verschläft. Nur 14 Minuten seines Tages zeigt der neugeborene Säugling spontane Lebensäußerungen. Eine merkliche Veränderung stellt sich mit Ende des zweiten Monats ein. Diese lange Schlafzeit hängt mit dem biologischen Reifungsvorgang zusammen und nicht mit dem »Charakter« des Kindes.

Diese Mutter quälte sich vier Wochen mit der Schuld- und Ursachenfrage herum: Was mache ich falsch? Was muss ich verändern? Sind Klinikschwestern die besseren Mütter? Bin ich eine schlechte Mutter? Ist mein Kind vielleicht krank? Hat man es gründlich untersucht? In einem solchen verunsicherten Gefühlszustand drängt sich schnell die Frage nach einem Schuldigen auf.

Die Frage nach Schuld kann hier nicht weiterführen. Auf

welche Weise kann die Mutter Entlastung bekommen, ihre innere Angespanntheit verlieren? Manche Frauen haben es schwer, ihren Haushalt für eine bestimmte Zeit an zweiter Stelle zu versorgen. Muss der Ehemann wirklich zur gleichen Zeit wie immer seine Mahlzeit bekommen? Auf alle Fälle ist es wichtig zu wissen, dass kein neugeborener Säugling sich selbst und auch nicht seine Mutter als *Person* erkennen kann. Darum ist das Schreien kein Protest gegen die Mutter als Person, es könnte auch ein Signal für ein unvertrautes Körpergefühl sein.

Anhaltendes Schreien ist ohne Zweifel besonders schwer zu ertragen. Und wenn eine Mutter sich keinen Ausweg und keine Abhilfe mehr vorstellen kann, bleibt nur übrig, für sich und das Kind nach Hilfe zu suchen. Diese Mutter hat sich diese Hilfe gegönnt und hat dabei eine erfahrene, einfühlsame Kinderärztin getroffen, die sehr schnell wahrgenommen hat, dass Mutter und Kind noch nicht zusammengefunden haben. Genau darin zeigte sich auch die innere Not der Mutter, die keine Brücke zu ihrem Baby aufbauen konnte. Die verordnete »Medizin« bestand in einer Einweisung für beide ins Krankenhaus. Der Mutter konnte die Sorge um ein krankes Kind genommen werden und sie selbst erhielt die Möglichkeit, sich ohne Haushaltspflichten dem Kind zu widmen. Nach einer Woche kamen beide nach Hause zurück.

»Von da an ging alles gut. Schlafen und Stillen haben gut geklappt. Janina wurde zu einem Bilderbuch-Baby. Der Krankenhausaufenthalt war für uns *beide* sehr wohltuend – ich konnte mich *ganz* auf mein Kind konzentrieren. Heute (nach zwei Jahren) glaube ich, dass wir uns erst in dieser Woche kennen gelernt haben und damit ein gutes Zueinander entstanden ist. Ohne Kinderärztin wäre ich wohl ausgeflippt.«

Ein sehr anderer Lebensstart für die kleine Tochter als in unserer ersten Skizze. Auch ein »glücklicher Start«, so meine ich, weil ihre Mutter schon nach fünf Wochen Hilfe gesucht hat. Dass eine Frau, die erstmals Mutter geworden ist, nicht in kurzer Zeit übersehen und einfühlen kann, was ihrem Kind guttut, und es entsprechend gedeihen lässt, ist sehr normal. Ebenso normal ist es, dass auch nicht vorauszusehen ist, welche seelischen Anforderungen auf sie als Mutter zukommen werden. Es hat mich beeindruckt, dass hier eine sehr junge Mutter ihre Verantwortung dem Kind gegenüber spüren konnte und nicht verdrängen musste. Sie hat sich selbst fragen können, was sie verändern müsse, und auch registriert, dass ein Haushalt *mit* Baby zumindest am Anfang anders zu versorgen ist als ein Haushalt *ohne* Baby. Wesentliches vom Nicht-Wesentlichen zu unterscheiden gehört zu den menschlichen Fähigkeiten, die immer wieder geübt werden wollen.

Was hat sich während der Kliniktage *zwischen* der klinisch »umsorgten« Mutter und ihrem unglücklichen Baby getan? Beide zusammen waren in die Schutzzone einer Klinik versetzt. Lässt sich nachfühlen, dass nicht nur der angespannte Körper der Mutter, sondern auch ihre bedrückenden Gefühle ins Gleichgewicht kommen konnten?

Die Klinik ist zur »Schutzhülle« geworden, eine »haltende Umgebung« für das unglückliche Paar »Mutter und Baby«. Auch Mütter brauchen Versorgt-Sein und Fürsorge; eine Klinikaufnahme ist vermutlich selten, hat sich hier gut bewährt, der Ärztin war die Mutter bekannt.

In meiner »Großaufnahme« sehe ich eine bereitwillige Mutter, die ihre Tochter »gewinnen« möchte und mit ganzer Energie sich dafür einsetzt. Ihr Säugling erlebt in der Klinik eine *andere* Mutter und lässt sich wieder stillen, Milch und Mutter sind in der frühen Zeit noch ungetrennt voneinander. Die Mutter erlebt ersehnte »Erfolge«, die sich ihrem Tun und Herzen mitteilen.

Dass schon Säuglinge den inneren Zustand von Mutter und Vater sensibel wahrnehmen, können viele Eltern nicht glauben. Ich zweifle nicht daran, dass auch der Körper von Janina sich entspannen konnte und der Säugling Sattwerden, Schlafen und Körpernähe zur Mutter mit Körper *und* Seele aufzunehmen vermochte.

»Zwei Dickköpfe«

In dieser dritten Skizze lesen Sie von einem dramatisch verlaufenden Entbindungsvorgang und Lebensbeginn; Sie werden eine große Breite unserer menschlichen Gefühlsskala kennen lernen. Die wörtlichen Angaben der jungen Mutter habe ich weitgehend übernommen, den Titel hat sie selbst gewählt.

»Die Geburt wurde eingeleitet. Wegen Gestosen. Einfach so, ging plötzlich alles so schnell. Irgendwie kam es mir noch gar nicht so vor, als sollte jetzt mein Kind zur Welt kommen, als ich ins Krankenhaus ging. *Für mich war die Schwangerschaft noch nicht zu Ende.*

Yannick kam auf die Welt. Oder er musste auf die Welt. Die Geburt dauerte 18 Stunden. Nach 17 Stunden sagte die Hebamme, ich sollte gefälligst pressen. Ich wollte nicht, dachte nur: ›Die nehmen mich auf den Arm, die wollen bloß, dass ich beschäftigt bin.‹ Als er da war und ich ihn im Arm hatte, fand ich ihn unglaublich schön … Nach zwei Tagen sind wir aus dem Krankenhaus geflüchtet. Man hat mich einfach nicht in Ruhe gelassen. Die Schwestern meinten, ich bräuchte Schmerztabletten, dabei habe ich doch bloß ein bisschen weinen müssen, einfach so. Ich hatte Heimweh – wollte mein Kind kennen lernen.

Zwei Tage waren wir daheim. Dann wurde Yannick so gelb, dass wir mit ihm wieder in die Kinderklinik mussten. Er kam unter eine Lampe in einen Inkubator, wurde verkabelt. Ich fand das schrecklich. Mein Kind kam mir vor wie ein Ausstellungsstück im Glaskasten in einem Museum. Klar durfte ich ihn anfassen, zum Stillen herausnehmen, aber ich wollte ihn bei mir haben, ihn spüren und festhalten, damit diese fremde Welt ihm nichts anhaben konnte. *Ich hatte den Eindruck, wirklich verrückt zu werden.* Mein Mann nahm diesen Winzling aus dem Kasten, zog ihm die Windeln aus, und ich hab gesehen, wie er ihm mit der Windel den Nabelstumpf abgerissen hat, und glaubte, mein Kleiner würde schrecklich bluten. Ich habe meinen Mann angeschrien, der hat das einzig Richtige gemacht. Er hat mich festgehalten, bis ich kapiert habe, dass alles O.K. war und meine Nerven mir einen Streich gespielt hatten.

Wieder daheim pendelten wir zwischen Kinderklinik und unserer Wohnung. Ständig musste kontrolliert werden. Mit drei Wochen war alles gut – dachte ich. Aber Yannick fing an zu spucken. Er hatte Probleme mit dem Magenpförtner, der war zu eng. Ich stillte ihn, er spuckte, ich stillte, er spuckte und schrie. Ich hatte das Gefühl ›Mein Gott, er saugt mich noch aus!‹ Es gab nichts anderes mehr, Stillen im Dreiviertelstunden-Takt, es blieb kein Raum mehr für irgendetwas Liebevolles. Er kam mir vor wie ein Monster mit großen, gefräßigen Augen. Ich war nicht in der Lage, seinen Hunger zu stillen. Und auch seinen Hunger nach Nähe nicht – wenn ich ihn überhaupt wahrgenommen habe. Wir haben gekämpft! Ich habe aufgegeben – er bekam die Flasche – es wurde besser. Er litt nicht mehr so sehr. Aber ich, ich litt umso mehr. Ich wollte ihn doch ein halbes Jahr lang stillen, ich wollte ihm doch nur das Beste geben, aber ich hatte es nicht geschafft.

Irgendwie war alles so verkehrt. Ich sollte doch für ihn da sein, aber stattdessen wäre ich ihn am liebsten wieder losgeworden … Er muss gespürt haben, was ich empfunden habe. Ich habe ihn auch schreien lassen, aber das hat mich total wahnsinnig gemacht vor Selbstvorwürfen. So was war ich nicht gewöhnt. Wenn ich bisher einen Kaffee trinken wollte, dann habe ich Kaffee getrunken. Wenn ich einkaufen wollte, habe ich eingekauft. Wenn ich raus wollte, bin ich innerhalb von zwei Minuten draußen gewesen. Wenn ich müde war, bin ich schlafen gegangen. Wenn ich hungrig war, habe ich mir was zum Essen gemacht …

Nachdem mein Mann ein paar Tage unterwegs war, war ich total groggy. Er kam heim, ich habe ihm ein schreiendes Bündel in die Hand gedrückt und mich auf den Balkon gesetzt und die Tür zugemacht, um kein Geschrei mehr hören zu müssen. Aber da war nichts zu hören. *Yannick lag selig in den Armen seines Vaters. Da war für mich klar, dass sich bei mir was ändern muss.* Ich habe mit meinem Mann gesprochen. Habe ihm gesagt, dass ich so rasend wütend auf unser Baby werde und Angst vor mir selber habe. Habe ihm gesagt, dass ich mich so unendlich allein gelassen fühle. Er war entsetzt. Er meinte dann, dass er das schon noch verhältnismäßig normal findet, und dass es eben nach einer Geburt so wäre.

Damit konnte ich nicht viel anfangen. Ich bin zum Arzt gegangen, habe ihm alles erzählt. Er konnte mir das Gefühl vermitteln, dass es nichts Außergewöhnliches ist, so zu fühlen, aber dass ich Hilfe bräuchte. Und genau das war es, ich wollte reden, wollte wissen, dass es mehreren so geht. Aber normal – so einfach konnte man die Situation, in der für mich die Welt zusammenbrach, doch nicht abtun.

Meine Mutter, mit der ich lange gesprochen habe, hat mir dann den Satz gesagt, der mir am meisten geholfen hat: *›Man muss dem Leben dienen in der ersten Zeit mit* *einem Kind.‹* Und genau das war es. Dienen! Das hatte ich bisher noch nie gemacht, wollte das auch nicht machen.«

Ich will versuchen, anhand von vier wörtlichen Sätzen dieser Mutter ihrem eigenen vorgezeichneten Weg von Verzweiflung, Selbstverachtung und Erschütterung bis hin zur Hoffnung nachzugehen. Selbstverständlich ist mein Versuch eine sehr begrenzte psychologische Interpretation und stellt keine Art von Diagnose dar. Für mein Verständnis halte ich mich an ihre anschauliche und schonungslos offene Sprache. An die beiden ersten im Bericht hervorgehobenen Sätze werde ich einige Fragen anschließen, die Ihnen einen Blick in die zwiespältige Gefühlslandschaft des Menschen möglich machen. Gefühle gehen ineinander über, fließen wie eine Flusswelle von einem Ufer zum anderen. Sie sind nichts Starres, Unveränderbares. Wer mit seinen Gefühlen in Kontakt kommen kann, hat die Chance, mit ihnen umgehen zu lernen. Die Befreiung von Ängsten beginnt mit Zulassen und Durchleben, sie spielt sich im Inneren des Menschen ab.

»Für mich war die Schwangerschaft noch nicht zu Ende.«
In diesem Satz klingen spezifische Fragen an, die hierher gehören: Habe ich die Schwangerschaft gewollt? Habe ich sie zu dieser Zeit gewollt? Habe ich meinen inneren Gefühlszustand mit meinem Mann, mit anderen teilen können? Habe ich Angst vor einem veränderten Lebensabschnitt, vor einem Angebundensein? Was heißt es für

meinen Mann, wenn ich die Schwangerschaft nicht selbstverständlich bejahen kann?

»Ich hatte den Eindruck, wirklich verrückt zu werden.« Für mich klingen folgende Fragen an: Auf welche Weise kann ich das Durcheinander in meinem Inneren loswerden? Wer ist dafür zuständig? Warum hilft mir mein Verstand, meine Intelligenz nicht weiter? Jetzt, wo mein Kind geboren ist, fühle ich mich allein; warum fühle ich mich hilflos dem Baby gegenüber? Warum schaffe ich nicht die Nähe, das Beste für das Kind, was ich so intensiv gewollt habe?

Viele Leser wird es überraschen, dass ich diese Sätze als mögliche Aussage ihrer *gesunden* Person betrachte. Verworrene Menschen im psychiatrischen Sinn halten sich dagegen für normal. Die junge Frau nimmt sehr sensibel wahr, dass sie ihrem Kind nichts Gutes tut, wenn sie es leiden lässt. Sie macht jedoch nicht das Baby dafür verantwortlich oder irgendwelche mitgebrachten Anlagen. Es drängt sie danach, sich als ganze Person mit Körper und Seele kennen zu lernen. Sie möchte wissen, wer sie ist.

»Yannick lag selig in den Armen seines Vaters. Da war für mich klar, dass sich bei mir was ändern muss.« Dieser Satz erübrigt weitere Fragen, er wirkt wie eine plötzliche Enthüllung des Weges, der vor ihr liegt. Diese Enthüllung ist *in ihr* entstanden als Folge einer unerwarteten Erfahrung mit ihrem Baby. Mit eigenen Augen hat die junge Mutter den sekundenschnellen Wandel vom Schrei-Bündel zum anschmiegsamen Säugling wahrgenommen. Er offen-

bart mit seinem kleinen Körper sein elementares Bedürfnis nach körperlicher Nähe und Getragensein. Überzeugender wird sich nicht aufweisen lassen, mit welcher zauberähnlichen Spürantenne das Menschenkind geboren wird – *der Säugling erfühlt sein Umfeld.*

Der vierte und letzte Satz zeigt bereits den Weg an, der sich für sie ergeben hat. In langen Gesprächen mit der eigenen Mutter hat sie den für sie hilfreichsten Satz gehört: *»Man muss dem Leben dienen in der ersten Zeit mit einem Kind.«*

Dienen heißt, sich für andere einsetzen. Das Wort »Dienen« hatte die junge Frau aber aus ihrem reichen Wortschatz ausgesperrt. Sie wollte nichts mit Dienen zu tun haben und hatte keine Vorerfahrungen, was es für sie in ihrem Inneren bedeuten könnte. Ich möchte vermuten, dass dieser für sie hilfreichste Satz eine neue Sinngebung in ihrem Inneren angerührt hat, die über das persönliche Leben hinausgeht. Es liegt nahe, dass auch diese Frau in unserer Zeit des Nehmens und Kriegens die Vorstellung hatte, allein über sich selbst bestimmen zu müssen, um sich als Individuum zu finden. Jetzt sieht es so aus, dass sie sich von dieser kindlich anmutenden Vorstellung trennen und einen neuen Schritt auf ihrem Lebensweg riskieren kann. Ich traue ihr zu, neue Schritte zu gehen, ihr Kind wahrnehmen und lieben zu lernen. Ihre Sensibilität wird das Aufblühen ihres Kindes erspüren, auch wenn jeder Tag ungezählte Zuwendungen notwendig macht. Unerwartete Freuden an seiner ansteckenden Lebensenergie wird diese junge Mutter erleben dürfen. Meine Erfahrungen sprechen dafür, dass Kapitulationen auch gewonnen werden können, vorausgesetzt, der Kapitulierende trifft die innere Entscheidung, aus diesem deprimierenden Zustand wieder herauszukommen.

Wie geht es dem Säugling bei seiner Geburt?

Dass der kurze oder lange Weg vom weichen, wärmenden und ringsum spürbaren Nest in eine sehr andere, helle und unbegrenzte Welt nicht ohne Körperempfindungen vor sich geht, werden heute viele Mütter und Kinderspezialisten nicht mehr bezweifeln. Die neuere Säuglingsforschung kann diese körperlichen Empfindungen bei Ungeborenen bestätigen. Wir haben sehr frühe Angstformen bei Embryos kennen gelernt.

Fragen wir einige Mütter, was ihre Babys bei ihrem Geborenwerden wohl erlebt haben mögen:

»Wenn ich heftige Schmerzen habe, hat auch mein Kind diese Schmerzen. Das war schon in der Schwangerschaft so.« – »Wer schreit, ist in Not. Wie soll mein Kind keine Not haben, wenn es jetzt keinen unmittelbaren Kontakt mit mir hat?« – »Ich habe kaum an mein Kind gedacht, musste immer nur denken: Lieber Gott, lass es gesund auf die Welt kommen, alles andere werde ich schon schaffen.« – »Wenn ich Ängste habe, muss ja mein Kind auch Ängste haben.« – »Ich höre heute noch mein Kind schreien. Ich wusste damals schon, dass Schreien zum Überleben notwendig ist. Auf meinem Bauch hat sein Herz heftigst geschlagen – es muss sehr erregt gewesen sein.« – »Den harten Tunnel hat mein Baby allein schaffen müssen. Natürlich hat das viel Energien gekostet – seine erste Anstrengung hat es hinter sich.«

Jede Mutter hat ihre persönliche Antwort, das kann auch gar nicht anders sein. Die unterschiedlichen Angaben bestätigen, dass wir Menschen »einmalig« sind, nicht nur als neugeborenes Menschenkind, sondern ein ganzes Leben lang. Diese Mütter haben ganz selbstverständlich ihren Neugeborenen *Gefühle* zuerkannt, die sie selbst aus ihrer Entbindungszeit erinnerten. Neun Monate ist das wachsende Kind ein Teil ihrer selbst geworden. Liegt es nicht nahe, dass die Gefühle des Säuglings die gleichen wie die der Mutter sind?

Was das Baby *wirklich* bei seiner Geburt empfindet, lässt sich bis heute von der Wissenschaft nicht beantworten. Kein Baby wird sich nach seiner Geburt fragen lassen können, was es durchlebt hat. Ich denke, es wird sein Geheimnis bleiben und damit auch das Geheimnis für Mutter und Vater. Für mich ist das Geheimnis am Beginn des Lebens ein *Symbol* für das ganze Leben. So manchem Geheimnis im Werden und Wirken des Menschen werden wir nicht entkommen können, auch nicht im eigenen Leben. Das Geheimnis hier wird für immer größer bleiben als das, was wissenschaftliche Ergebnisse deutlich machen können. Neben dem Wissen wird es immer auch Nichtwissen geben.

Die Wissenschaft lässt uns trotzdem nicht im Stich, wenn wir fragen: Was verändert sich durch die Geburt?

Mit der Geburt geht die Schwerelosigkeit verloren, an ihre Stelle tritt die *Schwerkraft.* Der Kopf wird schwer, Bewegungen werden wesentlich langsamer möglich.

Das paradiesische Leben mit einer stetig fließenden Nahrungsquelle ist mit dem Verlust der Nabelschnur vorbei. Das Baby muss auf *eigene Nahrungssuche* gehen und findet mit Hilfe der Mutter schnell die Brustwarze. Genau genommen nimmt der Säugling dabei den ihm vertrauten Geruch des Fruchtwassers wahr.

Mit dem Eintritt in die neue Welt ist der *Kältesturz* von gleichmäßiger Wärme von 37 Grad Celsius auf 21 bis 24 Grad unvermeidbar. Schon nach drei Tagen kann der Säugling seine Körpertemperatur selbst regeln; ohne gleichmäßige Temperatur könnten seine Organe nicht funktionieren.

In der Dunkelheit des Leibes ist das Baby herangereift, helles und grelles Licht ist seinen Augen fremd. *Geräusche* von außen wurden gedämpft wahrgenommen. Weil sich die Ohren nicht wie die Augen schließen lassen, ist der Säugling zur Abwehr lauter Geräusche auf Hilfe angewiesen.

Das Wichtigste bei der Geburt, *sein Überleben,* nenne ich hier am Schluss. »Mein Baby muss atmen erst lernen«, mit diesem Satz hat eine der Mütter auf das Überleben hingewiesen. Das Neugeborene muss sich von nun an aktiv mit Sauerstoff versorgen. Mit seinem ersten kräftigen Schrei setzt es die lebensnotwendige Umstellung seines Blutkreislaufs in Gang. Der Schrei hat seinen physiologischen Grund. Er lässt sich auch als Hilfesignal an den dem Säugling Nächsten deuten.

Die Natur verlangt dem Menschenkind eine erhebliche körperliche Anpassungsleistung ab. Es verliert seine Geborgenheit im wärmenden Schoß der Mutter. Damit tritt eine totale Veränderung seiner sozialen Situation ein. Es wird zum Einzelnen ohne Nest. In der Gebärmutter hat das Kind *Grenzen* erspüren können, sobald es sich bewegte. Seine erste Welt war eine geschützte, bergende Welt. Sie war tastbar, spürbar, im wortwörtlichen Sinn »be-greifbar«. Die neue Welt ist ohne Grenzen, ohne Haltepunkte, nicht mehr »begreifbar«.

In der unbegrenzten Welt steht in der Regel die Mutter als *Haltepunkt* zur Verfügung und diese Position ist für jede Mutter eine erhebliche körperliche und seelische Herausforderung; zumal dann, wenn Ehe oder Partnerschaft nicht einigermaßen gesichert ist. Der Alltag wird sich sehr verändern. Das Austragen eines heranwachsenden Kindes ist etwas sehr anderes als die beginnende Fürsorge, das Aufziehen. Aufziehen heißt Tag und Nacht dazulernen, ausprobieren, viel Zeit, Kraft und Einfühlung in das noch »unausgewickelte Baby« investieren, damit es zu einer Übereinstimmung von kindlichen Bedürfnissen und mütterlichen Reaktionen kommen kann. Kein Reiter lernt ohne Pferd das Reiten. Keine Mutter lernt ohne Baby in ihre neue Aufgabe hineinzuwachsen. Wer an Prinzipien festhält, versperrt sich die anstehende Lernaufgabe; sie ist auf Flexibilität angelegt.

Es ist fast geläufig geworden, heute von *Wurzeln* zu sprechen, die Kinder am Anfang des Lebens brauchen. Ein schönes Bild: Oft tauchen in diesem Bild Baum und Baumwurzeln auf, die den Halt des Baumes sichtbar machen können. »Ein kleiner Baum kann umso besser wachsen und gedeihen, je kräftiger seine Wurzeln sind, mit denen er im Erdreich verankert ist und seine Nährstoffe aufnimmt. Nur wenn es dem kleinen Baum gelingt, tief reichende und verzweigte Wurzeln auszubilden, wird er später auch Wind und Wetter, ja sogar Stürme aushalten können.«[6]

Vom kompetenten Säugling

Neuartige Untersuchungen lassen heute erkennen, was schon Säuglinge wahrnehmen können. Die experimentellen Anordnungen stellen dabei die Fragen dar, das Verhalten des Säuglings wird als Antwort gewertet.

Kann der Säugling Unterschiede erkennen?[7]

Es geht hier um Unterschiede von zwei Gesichtern, die in Bildern gezeigt werden. Man zeigte einem drei Monate alten Säugling zwei Gesichter nebeneinander und maß dann die Zeitdauer seines Hinsehens, des Fixierens mit seinen Augen. Deutlich bevorzugte er eines der beiden Gesichter, beispielsweise das seiner Mutter. Daraus wurde geschlossen: Der Säugling kann einen Unterschied erkennen.

Kann der Säugling zwei Filme unterscheiden?

»Man lässt einen Säugling an einem Schnuller saugen. Das Saugen löst die Vorführung eines Films aus. Nach einer bestimmten Zeit nimmt die Saugaktivität ab, und der Säugling beginnt sich zu langweilen. Koppelt man nun den Schnuller mit einem neuen Film, so nimmt die Saugaktivität wieder zu. Dadurch zeigt der Säugling, dass er den

Unterschied zwischen beiden Filmen bemerkt.« Die Antwort also: Der Säugling kann zwei Filme unterscheiden.

Wie lange bleibt der Säugling bei einer Sache?

Vier Monate alten Säuglingen zeigte man mehrfarbige blinkende Lichter. Ihr anfängliches Interesse verlor sich infolge der Gewöhnung sehr schnell. »Anders jedoch verhielten sich die Säuglinge, als die Untersucher die blinkenden Lichter immer dann angehen ließen, wenn die Kinder ihren Kopf um 30 Grad auf eine bestimmte Stelle drehten. Sobald sie entdeckt hatten, dass das Angehen der Lichter von ihrer Kopfbewegung abhing, trat keinerlei Gewöhnung ein.« Offensichtlich gilt schon im frühen Alter bezüglich menschlicher Handlungen das Prinzip, etwas *bewirken* zu wollen, »Urheber« zu sein, wir können auch sagen, *Erfolg* zu haben.

Hat der Säugling bereits Erwartungen?

Man zeigte Säuglingen ein »unmögliches Ereignis«, nämlich das Gesicht einer Frau, die spricht; den Ton ihrer Stimme jedoch spielte man so ein, dass er nicht aus dem Mund, sondern von der Seite kam. Schon im ersten Monat waren Säuglinge darüber erstaunt. Daraus konnte man schließen, dass sie erwarteten, dass beides, Mund und Ton, zusammengehören. Die Reaktionen des Erstaunens sind unterschiedlich: »Am häufigsten sind Änderungen des Gesichtsausdruckes, Unruhe, Erregtheit und Änderungen in der Pulsfrequenz.« Ich will hervorheben, dass Unterschiede, die wie in diesem Experiment Unruhe bringen, auch seelisch belasten können: Die Gefühlslage dieser Säuglinge war deutlich negativ.

Säuglinge können mehr *als sehen und hören.*
Man zeigte fünf Monate alten Kindern zwei Filme gleichzeitig nebeneinander. Auf dem einen war ein Auto zu sehen, das näher kommt, auf dem anderen eines, das sich entfernt. Die Wissenschaftler spielten ab der Mitte der Filme abwechselnd ein zunehmendes und ein abnehmendes Motorengeräusch ein. Beim lauter werdenden Geräusch wurde der Film mit dem näher kommenden Wagen länger angesehen, beim leiser werdenden Geräusch der Film mit dem sich entfernenden Auto. Die Säuglinge haben damit bereits ein Gefühl für Stimmigkeit gezeigt, für das, was zusammenpasst.

Hätten Sie einem ganz kleinen Baby diese erstaunlichen Fähigkeiten zugetraut? Gewiss werden schon diese wenigen Experimente erkennen lassen, wie angemessen ein Baby Angebote von außen wahrnehmen kann und auf seine Weise reagieren lässt. Sein Interesse und seine Neugier sind unerwartet größer als zuvor bekannt. Nun wäre es ein fataler Irrtum, wenn Sie Ihren Säugling für »kompetent« hielten, sich selbst sein Forschungsmaterial aussuchen zu lassen. Das Wort »kompetent« an dieser Stelle kann leicht dazu verführen, das Baby als »kleinen Erwachsenen« zu behandeln, daher: Für die »Nahrung« von Körper, Geist und Seele sind Mutter und Vater zuständig. Doch Vorsicht! Die Werbung macht es möglich, Spielfutter für den Säugling anzubieten, mit dem weder seine kleinen Fingerchen etwas be-greifen können noch seine Sinne. Sie werden selbst beobachten können, was Ihr Kind lockt und anspricht. Es möchte nicht belehrt werden, sondern das Neue selbst betasten und untersuchen dürfen.

Baby und Mutter haben viele Sprachen

Am Anfang der Lebensgeschichte steht der Schrei, er kann als Ursprache des Menschen gesehen werden. Dieser erste Schrei lässt sich als Symbol zur Entlastung und Freude vieler gerade zu Eltern gewordenen Frauen und Männer deuten. In die Sprache des Säuglings frei übersetzt sagt der Schrei aus: »Ich bin da – keiner kann mich überhören und übersehen!« In einigen Wochen wandelt sich der Schrei in ein Signal: Es kündet Hungerschmerz, Bauchweh, Unbehagen oder Alleinsein an.

In der Regel empfinden junge Mütter das Schreien ihres Neugeborenen als *normal.* Sie reden nicht auf es ein, sondern wenden sich seinem Körper zu, nehmen das Kind auf den Arm oder schaukeln es hin und her. Wie von selbst sprechen sie mit ihrem eigenen Körper und verlassen sich darauf, dass ihr Baby ihre Sprache *versteht.* Viele junge Mütter vermögen auch innerlich mitzufühlen mit ihrem hilflosen Kind, sie schlüpfen in das hilflose Gefühl hinein und empfinden sein Ausgeliefertsein nach.

Sie spüren so etwas wie eine seelische Verantwortung, etwas, was Sigmund Freud schon vor gut 100 Jahren »Moral« genannt hat: »Die anfängliche Hilflosigkeit des

Menschen ist die Urquelle aller moralischen Motive.« (1895)

Nicht wenige Mütter fühlen sich durch das Schreien innerlich angespannt, etwa durch auftauchende Fragen: Was kommt auf mich zu? Sollte ich ein Schreibaby haben? Wie halte ich das aus? Es kann gar nicht ausbleiben, dass Mütter unterschiedlich auf ihre neue Aufgabe herangehen. Die Aufgabe der körperlichen Versorgung ist immer eingebunden in die jeweilige Gefühlslandschaft. Die emotionale Herausforderung macht in den beiden ersten Lebensjahren des Kindes besonders zu schaffen, so dass zu hoffen ist, dass junge Mütter in dieser Zeit ausreichend stärkende Hilfe erhalten.[8]

Schauen wir uns wie unter einer Lupe eine Interaktion zwischen Mutter und ihrem schreienden Säugling an: Wenn es der Mutter gelingt, ihr Baby zu beruhigen, still werden zu lassen, tut ein solches geglücktes Miteinander Mutter *und* Kind gut. Die Mutter erlebt sich erfolgreich; auch bringt der Erfolg positive Gefühle hervor und diese teilen sich dem Säugling mit. Ich erinnere an den kleinen »Dickkopf«, der in den bergenden Armen seines Vaters entspannt einschlafen konnte. Beide – Mutter und Säugling – haben zur gleichen Zeit ein kleines Glück erlebt. Sie haben zusammengepasst, das Isoliertsein von Mutter und Kind war überwunden. Meine Deutung mag magisch klingen; jedoch unter der »Lupe« betrachtet ist das Glück, das wir erstreben, *nicht* im Alleingang zu haben.

Selbstverständlich besteht die Körpersprache Ihres kleinen Kindes nicht nur aus Schreien. Seine aufkommende Lebensfreude werden Sie an seiner zunehmenden Bewegungsaktivität in der Liegelage begrüßen und bejahen, Sie werden sich davon vielleicht auch anstecken lassen. Die gelöste Ausstrahlung Ihres schlafenden Säuglings werden Sie genießen; sie offenbart Ihnen, wie viel Zufriedenheit in ihm steckt. Vielleicht werden Sie mit Stolz seine ersten Lall-Laute hören und staunen, wie er mit seinen Lauten zu spielen beginnt und wiederkehrende »Melodien« zustande bringt. Und wenn Sie Spaß daran haben, sein Lallen und Brabbeln aufzunehmen, werden Sie staunen, wie gut es ihm tut, mit Ihnen auf gleicher Ebene in Kontakt zu sein.

Auch Sie als Mutter besitzen nicht nur eine Sprache. Natürlich werden Sie Ihr Kind mit Ihren Worten ansprechen, auch wenn Sie wissen, dass es deren Inhalt nicht aufnehmen kann. Ihre Stimme ist ihm vertraut, sie ist Teil von Ihnen; *Gesicht und Stimme sind starke Reize für Ihr Kind.* Sie sprechen mit leiser und mit lauter Stimme, mit körperlicher Zugewandtheit oder Abgespanntheit, in gespannter Verfassung oder im heiteren Zustand. Es wird nicht lange dauern, bis Sie beobachten, wie gebannt das Kind Ihr Gesicht anschaut und Ihrer Stimme zuhört. Schrei-Sprachen machen kleinen Kindern Angst, und ihre eigene Angst kann sich dann in ihrem Schreien entladen.

Ich möchte Sie ermuntern, das Baby in seinem Verhalten auch mit Worten zu begleiten. Das wird von Monat zu Monat immer mehr möglich. Sprechen Sie mit ihm über das, was gerade vor sich geht, was es in seinem Zimmer, in der Wohnung zu sehen gibt. »Du hast gut geschlafen, deine Augen können mir das sagen.« – »Jetzt kommt der große Hunger, wir müssen Milch für deinen Bauch holen.« – »Die große Uhr hat es dir angetan, ihre tiefe Stimme macht bim und bam, bim und bam.«

Wenn Sie Ihr Baby mit offenem Mund anschauen, wird es Sie nachahmen, es wird auch seinen Mund aufsperren. Schon mit etwa 14 Tagen ist das Baby für die Nachahmung eines Gesichts fähig, es weist sich als »kompetent« dafür aus. Es kann guttun, sich bewusst zu machen, dass Mutter und Baby das verschiedenartigste Paar abgeben: Die Mutter repräsentiert die Welt, und das Baby wird als »Naturkind« geboren. Die Mutter wird zum ersten Wegbegleiter für das Baby in seine unbekannte Außenwelt.

Wie reagieren Mütter auf Kummer, Jammern und Schreien?

Hier berichte ich von zwei Müttern, welche ein Jahr lang mit ihren fast gleichaltrigen Babys in ihrer häuslichen Umgebung von einer Psychologin beobachtet wurden.[9] Damit wird Ihnen das bedeutsame Wechselspiel, das Hin und Her im frühen Miteinander von Mutter und Baby ein wenig anschaulicher werden. Danach gehe ich noch einmal auf das Schreien des kleinen Kindes ein.

Sie lernen Cerry und Donna kennen, die ein »ähnliches Temperament« hatten und als »pflegeleicht« beschrieben wurden. Der Psychologin ging es darum, die immer wiederkehrenden Verhaltensweisen der beiden Mütter zu beobachten, sobald ihre kleinen Kinder negative Affekte wie Kummer, Ärger, Jammern, Weinen und Schreien erlebten.

Die Mutter von Cerry reagierte auf kleinste Anfänge von Kummer und Jammern so schnell wie möglich, tröstete ihr Kind körperlich, nahm es hoch, trug es herum, wiegte es oder stillte es. Selbst das kleinste Nörgeln reichte aus, um die Mutter zu einem tröstlichen Körperkontakt zu bewegen. Dieser sofortige und umfassende Körperkontakt beruhigte die kleine Tochter meist sofort. So blieb auch das Verhalten der Mutter während der einjährigen Beobachtungszeit ziemlich konstant.

Ein sehr anderes Verhalten zeigte die Mutter von Donna. Sie ging auch auf den Kummer ihres kleinen Kindes ein, jedoch immer *verzögert*. Ihr Baby durfte für Sekunden oder auch Minuten erst einmal seinen eigenen Weg bahnen, mit seinen Gefühlen bekannt werden. Diese Mutter schaute nach, wie ihr Baby zurechtkam, griff aber nur ein, wenn sein Kummer blieb oder sich steigerte. Ängstliches und ärgerliches Weinen durften eine Weile andauern. Wenn das Weinen intensiver wurde, schaltete sich auch diese Mutter aktiv ein: Sie versuchte ihr Baby mit Spielzeug abzulenken und einen beruhigenden Körperkontakt aufzunehmen. Das Verhalten auch dieser Mutter blieb im Laufe des Jahres dasselbe.

Sie haben hier zwei konträre Betreuungsweisen kennen gelernt. Beide Mütter waren aufmerksam und wohlwollend zu ihren Kindern und traten für ihre bewusst gewählten Strategien ein; deren Auswirkungen auf die seelische Entwicklung der Kinder ließen sich gut beobachten.

Nach dem vollendeten ersten Lebensjahr hatten beide Kinder einen sehr unterschiedlichen inneren Entwicklungsstand; ich berichte zuerst von Donna.

Im vierten Lebensmonat begann sie ihr Schreien zu verringern und zu verändern. Wenn sie jetzt schrie, war es deutlich verhalten und funktionierte wie ein Signal, wie eine deutliche Kundgabe an die Mutter, sie jetzt dringend zu brauchen. Zur gleichen Zeit vermochte sie negative

Gefühle auszudehnen, diese selbsttätig zu regulieren oder auch ihr Unbehagen ausklingen zu lassen. Sie hatte sich in den ersten zwölf Lebensmonaten eine beträchtliche Fähigkeit angeeignet, mit Unbehagen zurechtzukommen. Es darf vermutet werden, dass die verzögernde und zugleich sichernde Umgangsweise der Mutter dazu beigetragen hat, mit sich selbst bekannt zu werden und Reaktionen auszuprobieren. Donna hat *erlernt,* ihre eigenen Fühler auszustrecken und Lösungen anzubahnen. Sie hat damit begonnen, sich als Person zu entwickeln und eine emotionale Brücke zur Mutter auszuloten.

Cerry gelang es nicht, ihr Schreien und Jammern zu verändern. Sie behielt die anfängliche Ausdrucksweise bei und hat *gelernt,* sich auf sofortige Hilfe zu verlassen. Die immer gleiche und prompte Reaktion hielt diese Mutter ein Jahr lang durch, und das während der ersten zwölf Lebensmonate, die unübersehbar eine verändernde körperliche Wandlung des Säuglings mit sich bringen. Die Mutter ließ keinen Impuls erkennen, sich auf die jeweilige innere Situation ihres kleinen Kindes zu beziehen. Es sah aus, als müsste sie reflexhaft auf jedes Schreien umfassend tröstend und sofort reagieren. Wenn Cerry sich von negativen Gefühlen besonders herausgefordert fühlte, gab sie auf. Ihre charakteristische Antwort bestand dann in einer »passiven Hilflosigkeit«. In ihr rührte sich kein größer werdender Widerstand gegen ihr Unbehagen. Es bleibt offen, warum sie aufgab, warum ihr innerer »Motor« nicht ansprang.

Fast ließe sich hier die Frage stellen: Wie geht Cerry mit ihrer Mutter um? Schon der Säugling wirkt agierend bei seiner Entwicklung mit, er ist nicht nur ein reagierendes Lebewesen. Offensichtlich hat die Mutter mit ihrer immer gleichen und prompten umfassenden Reaktion auf das schreiende Baby ihren angestrebten Erfolg gehabt. Was vom Inneren her ihr Verhalten bestimmt hat, lässt sich natürlich nicht von außen beobachten. Vielen Lesern wird bekannt sein, dass unser Verhalten immer auch mit unbewussten Anteilen in uns zu tun hat. Daran wird sich nichts ändern; keiner von uns ist jederzeit »Frau« bzw. »Herr« im eigenen Hause. Die Mutter scheint in eine Beschützerrolle ungewollt hineingedrängt. Ob sie es nicht ertragen kann, auch nur für Minuten ein unglückliches Kind zu haben?

Die einjährige Beobachtung ergab einen erheblichen Unterschied in der seelisch-geistigen Entwicklung der beiden Babys. Jede Mutter als primäre Bezugsperson nimmt bewusst und unbewusst durch die Art der Beziehung zu ihrem Säugling Einfluss auf dessen Charakterstruktur. Erleben und Verhalten sind nicht angeboren, sie entwickeln sich als Antworten auf die jeweilige Einflussnahme von außen. Selbstverständlich haben die Antworten des Säuglings immer auch mit seiner Mitgift zu tun, mit seiner Einmaligkeit. Wenn wir ein vertieftes Verständnis für die zentrale Bedeutung der frühen Gefühlserfahrungen des Säuglings für dessen ganzheitliche Entwicklung innerlich in uns aufnehmen lernen, werden die so genannten Frühstörungen abnehmen können. Diese Störungen, die im ersten Lebensjahr auftreten, lassen sich als Mangel an emotionalsichernder Beziehung beschreiben.

Mit gutem Grund wird das erste Lebensjahr als eine »zweite Schwangerschaft« gewertet. Das reifende Kind wächst in den ersten neun Monaten, der ersten Schwangerschaft, in seine körperliche Gestalt hinein. In der »zweiten Schwangerschaft«, den ersten zwölf Lebensmonaten in der neuen Welt, geht es um die Reifung der *sozialen* Fähigkeiten, um eine Beziehungsfähigkeit zum Menschen und auch zur gegenständlichen Welt. Wir neigen leicht dazu, die soziale Entwicklung des Kindes in die Zeit des Kindergartens zu verlegen; bis dahin hat das Kind jedoch längst eine erste soziale Programmierung durch seine Beziehungspersonen und auch seine Geschwister aufgebaut. Das heißt natürlich nicht, dass Dreijährige keine weiteren sozialen Erfahrungen mehr sammeln könnten.

Erziehung ist kein Kinderspiel. Wenn wir das arg belastete Wort »Erziehung« umwandeln in das Wort »Einflussnahme«, beginnt diese am ersten Lebenstag. Das Neugeborene stellt sich mit seinen andrängenden vitalen Bedürfnissen vor und verlangt auf seine Weise nach sofortiger Befriedigung. Seine Sprache sind Weinen, Schreien und Jammern. Auf welche andere Weise könnte es sich sonst für sein Leben und Überleben einsetzen? Seine zunehmenden verlässlichen Erfahrungen von Sattwerden, Gestreichelt- und Getröstetwerden machen es neugierig auf seine »stillenden Zauberer«, und es beginnt, sie mit seinen Augen zu fixieren und anzulächeln. Seine Mimik drückt aus: »Ich bin nicht allein, da ist jemand, für den ich wichtig bin.«

Warum schreien Babys?

Kindliches Schreien hat einen Sinn. Es zeigt unvermeidliche Nöte an und appelliert an das Herbeieilen von Mutter oder Vater. Wenn diese dann beim Baby sind, können sie es beruhigend trösten und zugleich versuchen, den unsichtbaren Hintergrund aufzuspüren. Es gibt jedoch nicht nur einen! Ich nenne Ihnen einige mögliche Hintergründe: Hungerschmerz, Bauchweh, Unbehagen bei nassen Windeln und ungenügender Körperwärme, Alleingelassen-Sein, zu viel fremde Leute, zu grelles Licht und zu laute Geräusche.

»Manchmal gerate ich in heftige Wut, weil mein Baby keine Ruhe geben will!« Die aggressive Tonlage dieser Mutter ist nicht zu verkennen; ich bin jedoch sicher, dass sie ihrem Baby nicht wirklich eine »böse Willensentscheidung« unterstellt. Für das Baby reicht die Tonlage aus, um erneut weiterzuschreien, der Inhalt des Satzes bleibt ihm verschlossen.

Auf die Frage »Wie viel Zeit beansprucht Ihr Baby zum Ruhegeben?« kommt nicht selten die Antwort: »Geduldig bin ich nicht, mein Mann kann das Trösten viel besser.« Dass Väter bessere Tröster als Mütter sind, wird zunehmend mehr berichtet, und das hängt gewiss auch damit zusammen, dass sich das Vaterbild in unserer Gesellschaft verändert hat. Heute ist es durchaus »männlich«, wenn Väter ihre weichen Seiten in der Öffentlichkeit zeigen.

Ich beobachte, dass heute noch die Hintergründe für langes Schreien und auch anhaltende Einschlafstörungen vorwiegend im Säugling *selber* gesucht werden, auch wenn wir seit geraumer Zeit wissen, dass er vom ersten Lebenstag an sein Umfeld »einatmet«. Damit sparen wir die »häusliche Atmosphäre« aus, welche sich wesentlich durch die Art der Beziehung zwischen Mutter und Vater bestimmt. Handelt es sich bei dieser Beziehung um ein »zusammenarbeitendes Elternpaar«, um eine gespannte oder gestörte Allianz?

Säuglinge erspüren Mutter und Vater als *Personen* in ihrem Sein, ihrem Tun und Reden. Nicht wenigen Erwachsenen fällt es schwer, einen möglichst gleichmäßigen Tagesablauf für ihr Baby zu sichern, was Füttern, Schlafen und Spielen betrifft. Es ist eine kindliche Illusion, gespannte Atmosphäre unwirksam machen zu können. Darum hebe ich hervor, dass die »häusliche Wetterlage« einen sehr viel stärkeren Einfluss auf den Säugling hat als bisher angenommen.

Schreien tritt etwa 4000-mal in den ersten beiden Lebensjahren auf. Diese Zahl muss nicht erschrecken: 4000-mal großzügig geteilt durch zweimal 365 Tage ergibt abgerundet die Zahl fünf. Die »Aufteilung« der kindlichen Schreisignale bestimmt sich vom jeweiligen Körperzustand. Die Zahl fünf sollten Mütter und Väter nicht aus ihrem Gedächtnis verlieren!

Am Anfang wird das Schreien des Neugeborenen noch als normal empfunden, »man wird schon mit ihm fertig werden«. Sehr wahrscheinlich wird das Schreien mit der Zeit länger werden, vielleicht mehr als zwei Stunden, und das ist dann schon »schrecklich lange, nicht mehr zum Aushalten!«. Auch in gutwilligen Müttern melden sich dann Ungeduld, Ärger und auch Widerstand an. Wer trotz vieler Versuche keinen Erfolg erreichen kann, verschiebt seinen Ärger – gar nicht bewusst – auf das Baby: Will mein Baby vielleicht *mich* ärgern? Mag es mich nicht leiden?

Die Gedanken gehen weiter: Nicht das Schreien des Kindes ist schrecklich – es ist das Kind *selbst*, es ist böse und hat einen schlechten Charakter. Auch die Familie muss herhalten, um seinen eigenen Verdacht zu stärken. »Richtig, meine Schwiegermutter ist auch oft ärgerlich, mein Baby hat die gleiche Nase wie sie.« Die entscheidenden Fragen kommen manchmal gar nicht auf: Wie kann ich meine negativen Gefühle loswerden, wie kann ich trösten lernen?

Ich erinnere mich an eine junge Mutter, die anfing, sich als »Versager« zu fühlen. Es gelang ihr nicht, die Schreizeiten ihres Kindes zu verkürzen: »Sie werden eher länger als kürzer.« Zu ihrer Ermutigung hat sie sich einen handgeschriebenen Zettel über die Wickelkommode geklebt mit dem Satz: *»Was kommt, geht auch wieder!«* Ob sie auch ein Foto von sich und ihrem liebenswerten Baby – ich kannte viele Fotos – auf den Zettel geklebt habe? Meine Frage gefiel ihr – sie werde den Zettel vervollständigen. Natürlich haben »beschriebene Zettel mit Fotos« keine Zauberkräfte. Mich hatte aber der selbstermutigende Einfall der Mutter angesprochen, und diese glückliche Gabe wollte ich mit meiner Frage bestärken.

Diese Mutter hat einen hilfreichen Weg gefunden, nämlich bei sich selbst zu suchen, was sie verändern könne, um sich und ihrem Kind zu helfen. Wer darauf aus ist, unter allen Umständen sein Kind (oder seinen Partner) zu verändern, landet leicht in einer Falle, aus der ohne Hilfe nur schwer wieder herauszukommen ist.

Es führt kein Weg daran vorbei: *Die frühe Fürsorge ist immer auch eine Gefühlsaufgabe:* Zuwenden, Mitfühlen, Dulden, Trösten, Ermutigen und Durchhalten im Umgang mit einem Baby fallen nicht einfach vom Himmel. Wie jede neue Aufgabe ist die verlässliche Fürsorge nicht nur eine Lernaufgabe, sie muss auch immer wieder neu bejaht werden können. Seien Sie gewiss, Ihr lebenshungriger Säugling hilft Ihnen dabei mit, er möchte Sie auf seiner Seite haben.

Eine interessante Anekdote: Das anhaltende Schreien eines Säuglings während der Spazierfahrten auf ländlichem Gelände hörte mit einem Schlag im dritten Lebensmonat auf. Eine erfahrene Mutter von drei Kindern hatte ihren alten, gebrauchten Kinderwagen mit Federung zur Verfügung gestellt, der bisher benutzte Wagen hatte keine Federung. Im neuen Wagen trat die große Not des Säuglings nicht mehr auf, seine Schreirebellion blieb aus. Die beunruhigten Eltern waren einen großen Stein in ihrem Herzen los.

Bei 25 inspizierten Kinderwagen in einem Supermarkt war *kein einziger* mit Federung zu finden. Hängt die Vernachlässigung der Kinderwagen mit der Mode zusammen?

Füttern hat mit Kommunikation zu tun

Der Alltag mit einem Baby besteht aus vielen kleinen Interaktionen; es sind diese *kleinen* Momente im Miteinander, die seine innere Entwicklung anstoßen. Die Mutter berührt mit ihrem Tun immer den *ganzen* Säugling, er vermag unbestechlich an seinem *Leib* zu erfahren, was ihm gut und was ihm nicht guttut.

Das Füttern des Säuglings hat sich in den letzten fünf, sechs Jahrzehnten sehr verändert. Bis dahin galt der uns heute steril anmutende Zeitplan von einem Vierstundenrhythmus. Man ging von Beobachtungen aus, dass das »durchschnittliche Baby« alle vier Stunden aufwache. Daraus wurde die Theorie: Die Einhaltung eines *genauen* Zeitplanes vom ersten Tag an könne eine sichere Grundlage für den Charakter des Kindes aufbauen. Welche Gefühle werden damals die »nicht durchschnittlich aufwachenden Babys« gehabt haben? Die Natur hat vorgesehen, Triebbedürfnisse auf schnelle Befriedigung anzulegen. Im Gegensatz zum Tier muss der Mensch jedoch erst *lernen,* mit seinen Triebkräften umzugehen, und dieser Lernprozess beginnt in der Kinderstube, dort wo Natur und Kultur aufeinandertreffen. Wir sind also mit dem Nähren »nach

Bedarf« ein gutes Stück den säugenden Lebewesen näher gekommen.

Ich denke, dass die meisten Mütter heute mit oder ohne Theorie aufkommende Nahrungsbedürfnisse ihres Babys als wünschenswert und normal empfinden und sich auf die Befriedigung dieser Lebenskräfte einstellen. Sie beobachten zugleich, dass diese Bedürfnisse in unterschiedlichen Zeitabständen und bei Tag und bei Nacht auftreten. Viele Mütter können die jeweilige »eigene Art« ihres Babys annehmen und trauen ihm zu, dass es sich nach tausendmaligem »Satt-geworden-Sein« mit ihrer Hilfe auf größere Zeitabstände umstellen wird.

Hier will ich einfügen, dass nicht wenige Mütter »essgestörte« Kinder oder Jugendliche waren und diese psychosomatische Auffälligkeit bis heute nicht verloren haben. Meist sind sie innerlich bedrängt mit der Frage, ob sie ihrem Baby zu viel oder zu wenig zu trinken geben; es soll weder zum »Vielfraß« werden noch zu einem »Hungerkind«. Diese halb bewusste und halb unbewusste Angst führt Mütter leicht in eine permanente »Kontrolle« und diese emotionale Unsicherheit teilt sich dem Baby mit. Wer sich und andere kontrollieren *muss,* kann nicht zufrieden mit sich sein. In solchen Fällen halte ich therapeutische Hilfe für angezeigt.

Schauen wir uns den Still-Akt etwas genauer an: Bei Brust- oder Flaschennahrung in üblicher Position sind die Augen des Säuglings etwa 20 Zentimeter von denen der Mutter entfernt. Wenn das Kind in ihren Armen nicht schläfrig ist, sieht es ihr Gesicht – nicht das ganze Gesicht: Experimente haben deutlich gemacht, dass es ihre Stirn und ihre Augen in seinen Blick bekommt, also Teile des Gesichts der Mutter. Genau in dieser Entfernung kann schon das Neugeborene sein angepeiltes Objekt *sehen* (Objekt steht hier für Gegenstand *und* Mensch).

Die moderne Säuglingsforschung hat nachweisen können, dass schon unmittelbar bei der Geburt das Sehen in Aktion tritt – als so genanntes visuell-motorisches System. Das Neugeborene kann aber nicht nur sehen, es ist auch mit Reflexen ausgestattet, die es ihm erlauben, einem Objekt mit dem Blick zu folgen und dieses zu fixieren.

Ich schließe hier einige weitere Ergebnisse der modernen Forschung an. Es geht dabei nicht um »Theorie«, sondern um alltägliche Beobachtungen, die auch Sie als Mutter bei Ihrem Baby nachvollziehen können. Vielleicht kommen manche von Ihnen damit ins Staunen, wie feinst abgestimmt die Natur die körperliche Gestalt des winzigen Menschen auf Kommunikation, auf soziale Bezogenheit vorbereitet hat.

Der Säugling kann ohne vorhergehende Erfahrung Augen und Kopf einem beweglichen Objekt nachführen und fest im Auge behalten. Nicht nur der Mund, auch die Augen spielen beim Nähren eine bedeutsame Rolle. Seine Augen betrachten das mütterliche Gesicht in einem wohlig-befriedigten Körperzustand, sein Hungerschmerz ist vorbei. Die Gelöstheit nach dem Stillvorgang ist in seinem Gesicht nicht zu übersehen.

Während des Gestilltwerdens verknüpft sich das angenehme Körpergefühl mit dem Gesicht der Mutter. Seine Augen öffnen ihm eine erste Spur zum anderen Menschen und damit zur Kommunikation. Kommunizieren heißt sich verbinden, zusammenhängen mit einem anderen. Das menschliche Gesicht wird damit zu einem Ausgangspunkt für sehr frühe Miteinander-Erfahrungen. Sie erfolgen in einer Zeit, lange bevor das Kind ein menschliches Gesicht als Teil eines Menschen erkennen kann. Die Welt um es herum wird ihm sehr allmählich Teilchen für Teilchen zugänglich, etwa wie bei einem Puzzle, dessen Teilchen immer wieder betrachtet und mit anderen Teilchen zusammengefügt werden müssen, damit ein erkennbares Ganzes zustande kommt. Nur das Menschenkind kann seine Mutter beim Nähren mit eigenen Augen sehen. Dass Tierkinder ihre einmal eroberten Zitzen wieder finden, hängt mit ihrem ausgeprägten Geruchssinn zusammen.

Die Wahrnehmungen des Umfeldes in dieser Epoche werden nur ganz allmählich im Säugling aufgebaut; die Gefühlsbetonung dieser frühen Erlebnisse ist jedoch offenkundig und von großer Bedeutung. Aus biologischen Gründen haben frühe Gefühlserfahrungen eine besonders dauerhafte Existenz.

»Mein erster und letzter Machtkampf im Babyjahr«

Sie lesen im Folgenden von einem ersten Machtkampf einer Mutter mit ihrer Tochter Cathi, die Sie schon im Kapitel über das »Erste Zusammentreffen von Mutter und Kind« (Seite 33 ff.) kennen gelernt haben. Sie hat über ihr Glück und ihren Stolz auf ihr Baby berichtet und von ihrer intuitiven Entscheidung, sich auf die Bedürfnisse ihres Säuglings einzulassen.

Sie hat damals fast fünf Monate ihre Cathi gestillt, und zwar im Abstand von drei Stunden, und konnte deshalb nur sehr selten mehr als drei Stunden hintereinander durchschlafen.

In ihrem Bericht über den Machtkampf steht geschrieben: »Ich war mit meinen Nerven fast fertig und beschloss, von der Muttermilch auf Flasche umzustellen.« Sie bereitete ein Fläschchen vor und »schmeichelte« den Säugling auf die bevorstehende Veränderung ein: »So, meine liebe Cathi, ab heute gibt es ein gutes Flaschli!« Die kleine Tochter ließ sich zunächst den Plastikschnuller bereitwillig in den Mund einschieben, merkte aber sehr bald, dass da was fremd war, und wehrte sich mit Händen und Armen heftig dagegen. Sie drehte den Kopf weg und machte mit ihren fuchtelnden Armen überdeutlich, dass sie nicht bereit war, »das neue Zeug« zu trinken.

»Diesmal aber wollte ich nicht verstehen, wollte ich mich unbedingt durchsetzen. Darum ging es von neuem los: wieder Flasche, Schreianfall und Abwehr. Sehr bald war das Ergebnis eine tränenüberströmte und schweißgebadete Mutter. Ich fühlte mich furchtbar elend und zugleich tauchte die Frage in mir auf: Was machst du da mit deinem Baby? Du hast es tausendmal an deiner Brust gestillt, ihm keinen Schnuller aufgedrängt, und nun soll Cathi die eingespurte Gewohnheit aufgeben?«

Von diesem Machtkampf hörte ich erstmals in einem Gruppengespräch. Mir ist in Erinnerung geblieben, wie sehr die eigene Gefühlserschütterung diese mütterliche Frau plötzlich erkennen ließ, dass sie ihr Kind *übersehen* hat, es in seinem gesicherten Vertrauen zu ihr *irritiert* haben muss: »Mir wurde auf einmal ganz deutlich, dass zu einem Machtkampf immer *zwei* Beteiligte gehören; ich habe nur *meine* Veränderung eingebracht und Cathi *nicht* mit einbezogen.«

Bevor ich mehr auf diesen Gefühlskonflikt eingehe, lesen Sie in der Sprache der Mutter, wie es weitergegangen ist:

»In meine neue Strategie bezog ich Cathi mit ein. Ich bereitete regelmäßig das Fläschchen vor, gab ihr zu Beginn nur wenig von der neuen Nahrung und ließ sie an der Brust trinken, wenn sie nach ihr tastete. Dieser Wechsel von weniger und mehr zugunsten der Flaschennahrung spielte sich wie von selbst ein. Schon nach zwei Wochen saugte sie an der Flasche, als hätte sie nie etwas anderes bekommen. Ich habe also erfahren können, dass meine Geduld keine Schwäche ist: Sie kann auf magische Weise neue Kräfte freisetzen, und diese kommen mir und der Reifung des Kindes zugute. Cathi hat nicht nur einen neuen Geschmack angenommen, sondern auch einen ersten Schritt getan zur Lösung von meiner Körpernähe während des Saugens. Ich habe gelernt, dass auch *freundliche* Überfälle keine Erfolge zaubern können.«

Mit sechs Monaten aß Cathi mit dem Löffel aus dem Gläschen, die Abstände zwischen den Mahlzeiten konnten vergrößert werden. »Die ersten Nächte war ich unruhig, ich musste in ihrem Zimmer nachschauen, ob alles in Ordnung war. Da gewöhnte auch ich mich an die neue Ordnung und genoss es sehr, endlich auch wieder durchschlafen zu können.«

Ihre Gefühlserschütterung hat dieser Mutter eine erfolgreiche Umgangsweise mit ihrem Baby gebracht. Sie hat zu einer *neuen* Sicht geführt und ihr *Denken* verändert. Kann das Ineinander von Herz und Kopf, von Fühlen und Denken anschaulicher gemacht werden als in dem hier berichteten Vorgang? *Seele und Körper lassen sich nicht trennen.*

Nun, Schlafdefizite in gleicher Situation kennen viele jungen Mütter. Auch bei dieser Mutter darf nicht übersehen werden, dass sie in einen jämmerlichen Schlafzustand geraten war. Und doch können wir fragen: Hat sie sich an ihrer intuitiven Entscheidung festgehalten, die Bedürfnisse des Kindes immer zu sättigen? Und hat sie im Zusammenhang mit diesem Festhalten eigene Wünsche *abwehren* müssen? Vielleicht hat sie auch schon früher mit dem Gedanken gespielt, die »Ansprüche« des kleinen Kindes, seine »Vormacht« zu reduzieren?

»Diesmal wollte ich mich *unbedingt* durchsetzen«, so steht es in ihrem Bericht geschrieben. Hellhörige Ohren werden aus diesem kleinen Satz eine erhebliche Portion von affektivem Drang zum Durchsetzen heraushören – so vielfältig ist unsere Sprache! Sie kann seelische Konflikte deutlich machen. Nicht nur diese Mutter, alle Eltern werden im gegenseitigen Lernprozess mit ihrem Kind immer wieder einmal an Grenzen kommen, an denen Macht und Ohnmacht zusammenstoßen. Diese Grenzsituationen stellen eine erhebliche emotionale Herausforderung dar.

Dieser Frau ist es gelungen, sich nicht von ihrem Machtvorhaben überrumpeln zu lassen, etwa körperliche oder seelische Gewalt anzuwenden. Ihre Gefühlsbedrängnis hat dazu beigetragen, sich auf sich selbst zu besinnen und wahrzunehmen, wie sie im Augenblick mit ihrem Kind umgeht. Ihre Gefühle haben sie neue Zusammenhänge erkennen lassen, sie tragen Erkenntniskräfte in sich; es lohnt sich, sie ernst zu nehmen. Nur in der eigenen emotionalen Betroffenheit bahnt sich ein neues Verständnis an. Die Mutter hat ihr Baby längst lieben lernen können, so dass zu vermuten ist, dass dieser unerwartete Machtkampf nicht zu einem Trauma für die Seele des Kindes geworden ist.

Die Mutter, Frau K., hat sich die Entscheidung für den

Wechsel der Nahrungsaufnahme nicht leicht gemacht. Viele Erwachsene treffen wichtige Entscheidungen nach einem Abwägen zwischen Ja und Nein. Dem Baby und auch dem Kleinkind sind solche Abwägungen nicht möglich. Bei ihnen lernen wir den »Urzustand« der Gefühle kennen und wir lernen auch, dass sich dieser Urzustand durch Streicheln, Herumtragen, Singen oder Ablenkung verändern lässt. Wir nehmen also gewollt und ungewollt Einfluss auf kindliche Gefühlsäußerungen. Wie groß dieser Einfluss besonders im empfindsamen Säuglingsalter ist, haben Sie im Bericht über zwei Babys gelesen, die ein Jahr lang beobachtet wurden (Seite 62 ff.). Der erhebliche innere Entwicklungsvorsprung des »gefühls-erfahrenen« Babys scheint mir nachdenkenswert: Es hat eine erste Selbstkompetenz in sich entwickelt.

Ich möchte vermuten, dass der physische Anteil von Frau K. *gegen* den Wechsel der Nahrungsaufnahme war. War es ihre Seele auch? Die Seele entschied sich, das Baby »schmeichelnd« zu überrumpeln. Warum schmeichelnd? Hat sich Frau K. die Frage gestellt: Was tun, wenn ich diesen Kampf nicht gewinne? Keine Mutter kann und muss auch nicht die Gefühlsempfindungen voraussehen. Problematisch wird es erst dann, wenn Gefühle übersehen werden oder auch nicht gesehen werden wollen. Die Brücke zum Kind führt dann nicht in ein Miteinander, sondern zu einer Oben-unten-Beziehung oder auch zu auffälligem Verhalten.

Das heftigst protestierende Baby war *gegen* die plötzliche Veränderung und auch gegen die »fremde« Mutter. Frau K. selbst gab nicht sogleich auf, sie kämpfte weiter, bis ihr Körper ihr signalisierte, dass es auf diesem Weg nicht mehr weitergehen kann.

Cathi war nicht *wirklich* gegen den Wechsel. Sie war aber irritiert über die Art und Weise, in der er ihr abverlangt wurde. Führen und Erziehen können nur in einem *gegenseitigen* Lernprozess zu befriedigenden Ergebnissen kommen. Macht ist kein *Wert* – zumindest sollte Macht kein Wert für den erzieherischen Alltag sein. Macht löst tiefe Ängste in Kindern aus, die auch dann negative Wirkungen haben, wenn das Kind diese Ängste verdrängt. Seine ganzheitliche Entwicklung kann damit blockiert werden.

Vielleicht wird es Sie übertrieben anmuten, einzelnen kleinen Schritten im Inneren nachzugehen, gleichsam *hinter* den Vorhang zu sehen. Die Seelenlandschaft des Säuglings ein wenig zugänglich zu machen, ist aber das Hauptanliegen dieses kleinen Buches. Wer sich als Erwachsener im Umgang mit dem Kind nur von außen bestimmen lässt, verfehlt die Mitte, das Herz seines Kindes und verunsichert dessen Selbstwertgefühl. Mir geht es darum, Gefühle wieder aufwerten zu lernen, sie machen das erste Weltbild des kleinen Menschenkindes aus. Das berührende Beispiel von einem »geglückten« Machtkampf kann vielleicht dazu beitragen, Gefühle nicht als Stiefkinder zu behandeln.

»Schau mich an, Mama!«

»Heute hat mich Annemarie erkannt! Ihr promptes Zurücklächeln auf meine freundliche Begrüßung war wie eine *Antwort,* irgendetwas ist in ihrem Inneren gewachsen.« Am liebsten hätte diese junge Mutter gleich telefonisch ihrem Mann von diesem »Sprung« in der Entwicklung ihres Kindes berichtet.

Mir sind viele Mütter bekannt, die mit gleicher intuitiver Sicherheit eine veränderte Art von Lächeln ihrer Kinder erspürt haben. In der Fachsprache wird das veränderte Lächeln ein »soziales« genannt oder auch »Antwort-Lächeln«. Sozial sein heißt sich beziehen können auf einen anderen. Sozial sein gehört zum Menschsein. Der Schritt vom Reflexlächeln hin zum sozialen Lächeln geschieht nicht von selbst wie etwa das biologisch vorgezeichnete körperliche Wachstum. *Wann* das veränderte Lächeln zum ersten Mal auftritt, hängt mit den frühen Lebenserfahrungen des Kindes zusammen und auch damit, was es als Anlagen auf die Welt mitbringt. Kein Mensch wird als leeres Blatt geboren.

Annemarie ist knapp zwei Monate alt, als das soziale Lächeln von der Mutter beobachtet wird. Sie hat in

60 Tagen und 60 Nächten ungezählte Erfahrungen mit ihrer Mutter am eigenen Leib gemacht, ihre Tonart und Lautstärke, ihre Körperwärme und ihren Geruch wahrgenommen. Während des Fütterns hat sie die Chance gehabt, nicht nur ihren Hunger zu stillen, sondern auch intensiv das Gesicht der Mutter zu betrachten. Wen sollte das soziale Lächeln seines Kindes nicht freuen? Es kann in der Mutter eine intensivere Gefühlsbeziehung zu ihm hervorbringen und manchmal auch den Alltagsdruck verringern, der durch das ständige Wiederholen von Windeln, Waschen, Anziehen, Stillen, Tragen und Trösten zustande kommen kann.

Was viele Mütter schon lange Zeit von ihrem Gefühl her spüren, wird in der modernen Säuglingsforschung durch Experimente und Beobachtungen bestätigt. Das Alter von zwei Monaten wird heute als »Entwicklungssprung« beschrieben, »fast wie eine zweite Geburt«. Das Wort »Entwicklungssprung« mag an dieser Stelle übertrieben klingen. Immerhin – die glückliche Mutter von oben hat es von sich aus in den Mund genommen. Sie werden gewiss den Satz kennen oder auch schon gesprochen haben: »Das Kind ist sehr anders geworden, hat sich zu seinem Vorteil verändert.« Dieser Satz kommt uns dann über die Lippen, wenn wir etwas Neues, Unerwartetes am Kind entdecken. Und genau für das *Neue,* für das soziale Erwachen sind die Worte »Sprung« und »zweite Geburt« gewählt. Forscheraugen nehmen in anderen Dimensionen wahr.

Neu ist beim Baby seine veränderte Kontaktnahme zur

Mutter und auch zu anderen Menschen. Die Augen blicken anders in die Welt. Sein angeborenes Bedürfnis nach Bezogenheit, nach Kontakt und Zugehörigkeit kommt zum Vorschein. Das Wesen der einmaligen kleinen Person tritt mehr und mehr zutage, und Eltern werden neugierig, was alles wohl in ihr drinsteckt.

Nach Beginn des sozialen Lächelns testet das Baby mit Händen und Augen sein Umfeld in einem größeren Umfang ab, es bleibt nicht bei den bekannten Dingen, es interessiert sich für Neues, für eine neue Welt. »Keine Phase des Lebens ist so ausschließlich durch soziales Verhalten charakterisiert wie die Zeit zwischen dem zweiten und sechsten Lebensmonat«, lesen wir beim Säuglingsforscher Daniel Stern.[10]

Wenn der Säugling sein Umfeld und seine Bezugspersonen nicht ständig wechseln muss, nimmt er vom dritten Monat an seine vertraut werdende Umgebung wahr. Schon jetzt spielt sich eine Art *Lernen* ein aufgrund seiner Erfahrungen.

Annemarie sammelt im Umgang mit ihrer Mutter verlässliche, zugewandte und tröstende Erfahrungen. In aller Stille, auf dem Weg einer unsichtbaren Wirklichkeit füllt sich ihr erstes Mutterbild mit Gefühlen von Schutz und Verlässlichkeit.

Die frühe Welt ist für den Säugling seine Mutter, sein Vater und die Personen, die mit ihm umgehen. Annemarie entwickelt in sich eine Art Modell über die zu erwartenden Reaktionen der Mutter; *sie erlernt, was auf sie zukommt.*

Das Baby wird nun sehr bald fähig, einen wechselseitigen Blickkontakt mit der Mutter aufzunehmen. Damit beginnt eine faszinierende Phase, die viel zum Miteinander beiträgt. Über Hinsehen und Wegsehen lernen sich Mutter und Baby im Miteinander kennen. In der Zwiesprache über Augen und Mimik *lernt* das Baby sich selbst zu regulieren, selbst zu entscheiden, wie lange bzw. wie kurz es die Mutter oder einen anderen Menschen anzublicken vermag. Das Baby dreht den Kopf weg, wenn die Erregung zu groß für es wird. Das Guck-Guck-Spiel gibt es in allen Ländern der Welt. Wenn die Mutter ihrem Baby freudig bejahend in die Augen schaut und ihm in ihrer Stimme und Tonlage vermittelt, das allerliebste Baby auf der Welt zu sein, vermag das Baby diese Liebeserklärung aufzunehmen. Es schaut freudig zurück in die Augen der Mutter und drückt seine Berührtheit mit dem ganzen Körper aus: Es fuchtelt mit den Armen und strampelt mit den Beinen. Es kommt zu einer *gemeinsamen* Freude aneinander. Der Säugling lebt von Augenblick zu Augenblick.

Das Wort »Augenblick« lässt sich wie von selbst in die Worte »Blick in die Augen« verwandeln. Offensichtlich haben die Augen bereits beim Säugling einen besonderen Stellenwert, sie repräsentieren den *ganzen* Menschen, über die Augen lassen sich Freude und Angst ausdrücken. Dem Säugling habe ich im Titel dieses Kapitels als zentralen Lebenswunsch unterstellt, als *einzigartig* gesehen und erkannt zu werden. »Schau mich an, Mama!« will heißen: Ich brauche deine Augen, damit ich erkenne, woran ich bin.

Ich kenne auch Mütter, die keine innerliche Freude am gegenseitigen Blickkontakt empfinden können, ihn nicht als Zeichen einer inneren Verbindung wahrnehmen. »Muss man sich gefallen lassen, vom eigenen Baby nicht angesehen zu werden?« Wie viel Kränkung und Leid muss diese Frau in sich gesammelt haben, wenn sie das Kopf-Wegdrehen ihres Kindes als Kränkung, als Abwertung deuten muss?

Nun, hat Annemarie tatsächlich ihre Mutter erkannt – im Alter von zwei Monaten? Ohne Zweifel, Annemarie hat vorwiegend ihre leibliche Mutter erlebt und keine wechselnden Pflegepersonen. Schon lange vor der Geburt vermag der Fötus über seine Sinnesorgane die Mutter wahrzunehmen, er kann diese hören und riechen.

Nicht jeder Erwachsene kann etwas damit anfangen, wenn von »Lebenserfahrungen« des Säuglings die Rede ist. »Was soll schon ein Säugling für Lebenserfahrungen sammeln?« Können Sie nachempfinden, dass sich in dieser Frage eine Art Fremdheit dem jungen Leben gegenüber ausdrückt, eine mindere Bewertung des kleinen Menschen im Vergleich zum Wert des Erwachsenen?

Die oft gar nicht bewusste oder gewollte Abwehr dem Säugling gegenüber kann viele Gründe haben. Ich greife einen der Gründe auf: *Der Säugling fordert den Erwachsenen als* ganzen *Menschen heraus.* Nicht aus »Bosheit«, sondern weil er als total ausgeliefertes Lebewesen geboren wird. Sein ständiger »Anspruch« auf Hilfe macht viele Erwachsene hilflos, sie fühlen sich »klein« oder auch ausgenutzt. Manche Erwachsene fühlen sich ohnmächtig – ohne Macht, und damit kann das übliche Gefühl für Groß und Klein durcheinander geraten und zu erheblichen Gefühlsdramen führen. Das winzige Kind gibt dem »Riesen« Rätsel auf, deren Lösungen in keinem Buch zu finden sind.

Sich innerlich einlassen auf einen noch unausgereiften Menschen bedarf einer liebevollen Bejahung, eines Jas zum neuen Leben. Und dieses Ja zum herausfordernden und liebenswerten Säugling muss immer wieder neu erobert werden, weil auch Mütter und Väter schlechte und gereizte Tage haben, in denen sie selbst ein ungutes Gefühl ihrem Kind gegenüber empfinden. Wenn eine zugewandte Grundhaltung gesichert ist, kann der Säugling viele Frustrationen verarbeiten.

Vom Baby-Spiel

Wenn Sie das Wort »Spielzeug« großzügig deuten, werden Sie vermutlich das Beobachten von Mobiles als *erstes Spielzeug* anerkennen. Vom zweiten Lebensmonat an findet das Baby Gefallen und zunehmendes Interesse an einem über ihm schwingenden Etwas, einem bunt behängten Ring, welcher sich unregelmäßig und spontan hin und her bewegt und in manchen Stunden auch Schatten an die Wand wirft. Ein offensichtlich verlockendes Symbol in seinem Umfeld, das nicht den Magen satt macht, sondern sein angelegtes Bedürfnis stillt, auch sein Umfeld zu betrachten und kennen zu lernen. Sein physiologischer Entwicklungsweg zu dieser neuen »Welt-Erfahrung« führt über Schauen und Staunen zum aktiven Hantieren mit neuartigem »Spiel-Futter«, welches sein Fühlen und Denken zu nähren vermag.

Sein angelegter Antrieb, über Körperbedürfnisse hinaus auch mit der Außenwelt in Verbindung zu kommen, braucht verdauliches Material. Nicht jedes Spielzeug muss quietschen, Krach machen oder aufleuchten können, im Gegenteil: Sensationen gehören *nicht* ins Kinderzimmer. Das Baby muss unbeschadet mit Hilfe seiner Finger und seinem Mund eigene Forschungsschritte gehen dürfen. »Überfütterung« bringt Lähmung und keinen Gewinn. Viele Eltern empfinden sehr genau, wann ihr Kind sich langweilt, wann es Anregungen braucht und Hunger auf Neues anmeldet. Im Selber-Tun bei gleichzeitiger Anteilnahme durch betreuende Erwachsene kommt das Kind zu sich selbst und erfährt in seinem Inneren, was es zustande bringt. Es muss ausprobieren und seine eigenen Kräfte erleben können.

Das Baby-Spiel hat nichts mit Regeln zu tun, nichts mit Gewinnen und schon gar nichts mit Leistung. Das Baby braucht für seine spielerischen Bedürfnisse neben seinem Erkunden-Wollen Mama und Papa; es braucht Menschen, die sich am vergnüglichen Miteinander-Spielen freuen können und empfänglich sind dafür, was Babys guttut und was nicht.

Auf der ganzen Welt gibt es eine Vielfalt von körperbezogenen Spielen: Guck-Guck – Grimassen schneiden – Gesicht zu- und wieder aufdecken – leichtes Kitzeln – Nasenstupser und das »schön-schreckliche« Fliegerspiel, bei dem die Eltern ihren Sprössling hoch über sich in der Luft halten, von einer Seite zur anderen schaukeln und dabei sein Jauchzen und auch sein Unbehagen nacherleben. Eine Übertreibung dieses schön-schrecklichen Gefühlsspiels scheint gering, weil Babys in der Regel mit Mimik, Bewegungen und in ihren Lauten deutlich machen können, wenn sich das Vergnügen in eine Angstpartie zu verwandeln droht.

Im direkten Miteinander-Spielen lernt das Baby neue Gefühle kennen, macht es erste Erfahrungen mit seinem Gleichgewicht und der Schwerkraft. Diese Spiele tragen dazu bei, dass sich im Kind ein geistiges Bild über sich selbst in der neuen Welt aufbaut; die Welt wird ihm noch lange Zeit geheimnisvoll und undurchsichtig sein. Noch kann das Baby nicht von sich aus die Eltern zu einem Zusammenspiel animieren. Manche Mütter tun sich schwer mit körperbezogenen Spielen und lernen das schöpferische Miteinander nicht schätzen. Ein spontanes Miteinander von Groß und Klein ist eine Bereicherung ganz eigener Art; sie geht verloren, wenn die Hürde vor kindlichen Spielen nicht überwunden werden kann.

Es gibt Erwachsene, die sich von ihren »Zauberkräften« berauschen lassen. Ich erinnere mich an einen Vater, der sehr bewegt berichtete, dass er seinen kleinen Sohn vor Jahren immer wieder einmal auf die Erde setzen *musste.* Er *musste* es tun, weil ihn in seinem Spiel mit dem Kind *eigene* Ängste aus seinen frühen Kinderjahren überfielen. Er war nicht mehr nur Vater, sondern zugleich das kleine Kind von einst, welches viele Ängste und Beschämungen erfahren hatte. Der Vater hat im Zusammensein mit seinem Kind den glücklichsten Schritt in seiner beunruhigenden Situation geschafft: Er hat sich von seinen eigenen Angstgefühlen distanzieren können und sich ganz auf sein Kind konzentriert; er hat es schützen *müssen.* Väterlicher hätte seine Handlungsweise nicht sein können.

Es gehört zu den normalen Konflikten zwischen Eltern

und sehr kleinen Kindern, dass in der Mutter oder im Vater ungewollt frühe Gefühle wieder auftauchen. Sie identifizieren sich dann mit ihren eigenen Kindern, erleben sich gleich mit ihnen. Damit kann unbewusst der Unterschied von Groß und Klein, zwischen den Generationen verschwimmen. Eltern verhalten sich dann wie Konkurrenten, wie Rivalen dem kleinen Kind gegenüber und sind zugleich angetrieben, ihre Vormacht als Erwachsene zu sichern. Psychologisch gesehen begegnen sich *zwei* Kinder: Das eine zeigt sich bedrängt von unverarbeiteten Gefühlen, fühlt sich in die Enge getrieben, und das andere, sichtbare Kind kennt sich nicht aus, wird irritiert oder beginnt zu weinen.

Diese Information füge ich ein, weil mir nicht selten junge Mütter bekannt geworden sind, die Angst bekamen, mit ihren Gefühlen dem Kind gegenüber nicht zurechtzukommen: »Die Gefühle gehen mit mir um und nicht ich mit ihnen.« Hinzulernen ist jederzeit möglich, wenn es gewollt ist.

Wer sich als Erwachsener bereitfinden kann, aus den Erfahrungen mit seinen Kindern zu *lernen,* ist bestens auf die risikoreiche Erziehungsaufgabe vorbereitet. Wer es versäumt, über seine Innenwelt nachzudenken, zu reflektieren, blockiert sich den Weg zu immer wieder neuen Reifestufen; die *Entwicklung* des Menschen hört im Leben nicht auf.

Zum Abschluss nenne ich hier einen Kindervers, der durch seinen geheimnisvollen Wirle-wurle-Beginn das magische Denken des Kindes trifft. »Sag wieder wirlewurle!« – so ein zweieinhalb Jahre altes Kind zu mir:

Wirle – wurle – was ist das?
In unserm Ofen rappelt was!
Ist kein Fuchs – ist kein Has' –
wirle – wurle – was ist das?

Über die Bindung zwischen Mutter und Kind

Das Wort »Bindung« ist nicht leicht zu verstehen, manchen Müttern ist das Wort fremd. Darum berichte ich zunächst von zwei Müttern in sehr unterschiedlichen Lebenssituationen und versuche Ihnen die Gefühlsbrücke zwischen Mutter und Kind anschaulich zu machen. »In echt« lässt sich diese Brücke natürlich nicht sehen; sie lässt sich *einfühlen* und aus dem Verhalten und den Reaktionen der beiden *erschließen*. Bindung wird als eine *unsichtbare* emotionale Beziehung zwischen Mutter und Kind verstanden.

»Ich will nichts mit Bindung zu tun haben. Mein Baby ist jetzt fünf Monate alt und soll schnell selbstständig werden. Ich habe erst gar nicht angefangen, es lange auf den Arm zu nehmen. In sieben Monaten muss ich wieder arbeiten, und dann wird die Zeit immer knapper für mich werden.« Meint das Wort »Bindung« hier Verwöhnung, angebunden sein, unfrei bleiben? Oder ist Bindung für diese Mutter eine »Verpflichtung«, etwas, was man nicht gern auf sich nehmen will? Es könnte auch sein, dass die Mutter körperliche Nähe zu ihrer Tochter nicht zulassen kann – vielleicht kommt sie mit ihren eigenen Nähewünschen nicht zurecht? Wem ähnelt das Kind, der Mutter oder seinem Vater?

Die 30-Jährige hat Fotos mitgebracht, sie trage sie »immer bei sich«. Die Bilder zeigen ein gut genährtes Baby mit angstvollen Augen und unbewegtem Gesicht, ich sehe mir die Bilder lange an. »Sie denken schon an das, was kommt; fällt es Ihnen nicht schwer, Ihr Baby nicht so lange, wie Sie eigentlich wollen, in Ihre Arme zu nehmen? Ein Jahr mit einem Säugling ist kurz, wenn wir an sein Wachsen denken – es ist auch lang, weil jeder Tag durchgestanden werden muss. Wer hilft Ihnen dabei?« Die Mutter berichtet lange unter Tränen, wie es zu diesem Kind gekommen ist, dass sie allein lebe und der Vater sein Kind nicht sehen wolle. Manchmal helfe ihr eine Frau aus dem Haus, das Baby zu betreuen. – Das soll hier genügen; ich schließe eine zweite, sehr konträre Skizze an.

»Ich genieße jeden Tag mehr den kleinen Körper unseres Sohnes, seine Haut, seinen Geruch und seine Anschmiegsamkeit. Wir sind zwei und doch eine Einheit geworden. Mein Mann meldet lächelnd an, dass ich mich wohl in meinen Sohn verlieben werde, wo solle er dann bleiben? Ich spüre seine Eifersucht – na und! Soll er ein wenig eifersüchtig sein. Ein Mann muss lernen, dass eine Mutter mehr Liebesfähigkeiten hat als ein Mann, der keine Kinder gebärt. Ich ahne schon heute, dass mir die Lösung von unserem Kind schwerfallen wird; vielleicht schicke ich ihn nicht in den Kindergarten.«

Dieses Kind lerne ich auch auf einem Foto kennen. Als

Einjähriger steht Knut sicher auf beiden Beinen, umgeben von handfestem Spielzeug und strahlt in den »Ofo« (Fotoapparat) hinein. Seine Lebensfreude ist schon vom Foto her fast ansteckend wahrzunehmen.

Zwei sehr unterschiedliche Skizzen, die das Schicksalhafte des Menschen andeuten. Kein Kind kann sich Mutter und Vater aussuchen, keine Eltern können im Voraus die ererbte Eigenart ihres Kindes bestimmen. Unabhängig vom familiären Umfeld bindet sich jedes Kind an diejenige Person, die es Tag für Tag versorgt und die mit ihm umgeht, in der Regel ist es heute noch seine leibliche Mutter. Darüber hinaus kann der Säugling auch zu seinem Vater und einer Tagesmutter eine enge Gefühlsbeziehung entwickeln. Und weil Erwachsene eine jeweils andere Art im Umgang mit einem kleinen Kind haben, ist der Säugling in der Lage, unterschiedliche Beziehungsqualitäten aufzubauen. Wenn die drei genannten Erwachsenen sich einigermaßen gut verstehen und keine Neidgefühle in sich gesammelt haben, tragen die unterschiedlichen Beziehungserfahrungen dazu bei, die kleine Welt des Säuglings zu vergrößern. Das Baby kann sich hier im Wahrnehmen und Reagieren üben. Zu mehr als drei Personen kann es am Lebensbeginn keine Bindungsgefühle entwickeln.

Was lässt sich hier über die unsichtbaren Gefühlsbrücken zwischen Mutter und Kind vermuten?

Viele von Ihnen werden sich in beide Mütter und beide Kinder einfühlen können. Es wird deutlich geworden sein, dass die jeweiligen Lebenserfahrungen der beiden Babys sehr unterschiedlich sind, und daher fallen auch die unsichtbaren Gefühlsbindungen zwischen Mutter und Kind verschieden aus.

Der Lebensstart des kleinen Mädchens fühlt sich nicht gut an. Seine Mutter hat bittere Erfahrungen machen müssen und hat zurzeit nur wenige Energien frei, sich auf die veränderte Lebenssituation einzulassen. Oder sollte sie sich »insgeheim« auf die neue Mutterrolle einstellen? »Die Fotos habe ich immer bei mir.« Mir war aufgefallen, dass sie die Bilder mit spürbarem Stolz aus ihrer Tasche holte. Diese Fotos dokumentieren eindeutig, dass sie die Fähigkeit besitzt, ihr Baby gut zu ernähren. Von einigen Müttern habe ich erfahren, dass sie über das allmählich erlernte Füttern eine erste emotionale Brücke zu ihrem Kind entwickeln konnten. Die kleine Tochter hat offensichtlich vorwiegend eine »fütternde« Mutter erfahren; vom ersten Tag an wurde sie von ihr mit der Flasche gestillt.

Die angeborenen Bedürfnisse dieses Mädchens nach Nähe und Geborgenheit sind noch ohne ausreichende »Nahrung« geblieben. Darum kann sich dieses Baby nicht sicher in der Beziehung zur Mutter fühlen. Neben dem Essen, der Befriedigung eines Triebbedürfnisses, scheint es kein Verlangen nach anderen Aktivitäten zu haben. Nur die Rassel nehme sie meist in den Mund, lecke sie ab und nehme sie auch in ihre Händchen. Wenn das Baby dann durch seine Bewegungen die Rassel zum Klingen bringe, schaue es aufgeregt die Mutter an. Und diese scheint gar nicht recht wahrzunehmen, dass das Kind von innen her, mit seinen Gefühlen, reagiert und sich freut, einen unerwarteten Ton zu hören. Es blickt die Mutter an, macht ihr ein Angebot zu bleiben. Kein Baby möchte nur Kontakt über die Nahrungsaufnahme haben, es kommt als soziales Lebewesen auf die Welt, wird mit einem Bindungssystem geboren. Kann hier deutlich werden, dass die Signale des Babys ohne Antwort bleiben? Erfahrungen im Miteinander bleiben aus.

Die unsichere Bindung des kleinen Mädchens drückt sich für mich in seinen ernsten Augen aus, in seinem abweisenden Blick; sein Gesicht wirkt ausgesprochen unglücklich.

Es liegt auf der Hand, dass Mutter *und* Baby Hilfe brauchen. Im frühen Stadium einer beginnenden Entwicklungsverzögerung sind therapeutische Kontakte mit beiden zugleich angebracht. Beide brauchen einen dritten Menschen, der Stütze und Hoffnung vermittelt, der sich in diese Mutter einfühlt und mit ihr gemeinsam Körperkontakte mit ihrem Kind aufbauen kann. Die Mutter muss zuschauen können, was alles zum Beispiel mit der Rassel und dem Baby anzufangen ist.

Knut ist dagegen in ein sicherndes Nest gefallen. Mutter und Kind haben zu einer Einheit zusammengefunden, zu einer innigen Verbindung, die am Lebensanfang die Grundlage für Vertrauen und Zugehörigkeit bildet. Der Säugling erfühlt Geborgenheit. Die Mutter ahnt schon im jetzigen Stadium, dass ihr ein erster Lösungsschritt aus dieser intimen Verbindung bevorsteht. Natürlich betrifft diese Lösung nicht nur die Mutter; auch das Kind wird lernen müssen, sich mit einem ersten Schritt von der Mutter zu lösen, und zwar ohne Angst, sie deshalb als gesicherten Hafen zu verlieren. Diese Freigabe ist für jede Mutter eine zentrale Aufgabe, die schon im Säuglingsalter beginnt. Wenn sie nicht gelingt, sind oft unbewusste Gründe beteiligt.

Knut und seine Mutter haben durch ihre selbstverständliche Nähe zueinander aufzeigen können, auf welcher Grundlage eine sichere Gebundenheit zur Mutter entstehen kann. Ich bin immer noch der Ansicht, dass die frühe Liebe zur Mutter den *Kern* der Mutterschaft ausmacht, auch wenn sich das Bild von Mutterschaft verändert hat. Knut wird sich ohne Zweifel sicher an seine Mutter gebunden fühlen. Er wird von der Mutter geliebt und lernt seiner Reifestufe gemäß seine Mutter lieben.

In dieser zweiten Skizze treffen wir auf eine lebensbejahende Mutter, die dabei ist, sich in ihren kleinen Sohn zu verlieben. Bei ihr besteht kein Verdacht, dass sie ihr Kind lieben wird, um selbst geliebt zu werden. Sie kennt sich gut – so gut, dass sie voraussehen kann, dass ihr eines Tages die Lösung von ihrem Sohn schwerfallen wird.

Mit diesem Blick in die verschlungenen Wege der Seelenlandschaften möchte ich hervorheben, dass unterschiedliche Bindungsqualitäten keine »logischen« Folgen von guten bzw. schlechten Charaktereigenschaften sind. Die Persönlichkeit des Menschen muss als »komplexes System« beschrieben werden.

Schon vor 50 Jahren haben anerkannte Kinderfachleute beobachtet und auch genannt, welchen wesentlichen Einfluss die Beziehungen zwischen Eltern und ihren Kindern auf die emotionale Entwicklung der Kinder haben. Heute hat die moderne Bindungsforschung durch experimentelle Untersuchungen sichtbar machen können, dass sich das erste Bindungsmuster im ersten Lebensjahr entwickelt. Das lässt sich leicht verstehen. Das Baby ist existenziell auf Menschen angewiesen, ohne die es nicht überleben könnte. Es muss nehmen, was ihm geboten wird, unabhängig davon, wie sehr seine Mutter in ihrer Mutterrolle aufgeht. Die umsorgenden Menschen werden ihm zum »Hauptgegenstand« seiner frühen Erfahrungen. Seine Spürantennen lassen es fühlen, wer es gut mit ihm meint und wer nicht. Auf diesem Weg entwickelt sich das, was wir heute Bindung nennen.

Auf welche Weise eine tragfähige emotionale Bindung des Säuglings zu seiner Mutter zustande kommt, lässt sich in den Ergebnissen der Bindungsforschung nachlesen. Im europäischen und amerikanischen Raum sind viele tausende Kleinkinder mit einem »Bindungstest« untersucht worden; er lässt sich vom 12. bis 18. Lebensmonat durchführen. In diesen Ergebnissen werden drei Fähigkeiten hervorgehoben, die zur Bindung zwischen Mutter und Kind beitragen.

Diese Fähigkeiten werde ich zunächst in drei Fragen an Ihren Säugling umwandeln. Stellen Sie sich vor, Ihr Kind könnte bereits heute in unserer Wortsprache sprechen, wie fielen seine Antworten auf die folgenden Fragen aus:

- »Kann deine Mutter regelmäßig und verlässlich deinen kleinen Körper versorgen, jeden Tag und jede Woche im gleichen Rhythmus? Hat die Mama schon gemerkt, dass du noch keine Geduld haben kannst und ärgerlich wirst, wenn die Milch nicht sofort zu haben ist, sobald der Hungerschmerz dich überfällt? Du kannst sehr anstrengend sein – wie geht die Mama auf deine Forderungen ein?«
- »Schaut deine Mutter genau hin und spürt sie, was du gerade brauchst oder dir zu schaffen macht? Wenn dein Po nass ist, macht sie ihn trocken oder gibt sie dir Milch, weil alle Babys so gern Milch trinken und dann Ruhe geben. Wenn die Mutter genau schaut, wird sie das treffen, was dir wichtig ist. Dann seid ihr wie ein Paar, das gut zusammenpasst, und keiner von euch beiden fühlt sich allein.«
- »Kannst du schon voraussehen, wie dein Tagesablauf aussieht und was auf dich zukommt? Dann weißt du jede Woche ein wenig mehr, wie die neue Welt um dich herum aussieht und was in deinem Körper innen vor sich geht. Oder weißt du nicht, was heute am Vormittag und heute am Nachmittag kommt? So kannst du gar nicht neugierig auf die unbekannte Welt werden.«

Es kann von Gewinn sein, sich immer wieder einmal die Frage zu stellen, was fühlt und denkt wohl mein Kind im Augenblick von mir? Diese Frage kann dazu beitragen, nicht zu vergessen, dass Sie als Erwachsener die Welt völlig anders erleben als Ihr Baby. Sie und Ihr Säugling sind das unterschiedlichste Paar auf dieser Welt.

Das angelegte Bindungsbedürfnis ist auf drei Grunderfahrungen zu seiner Entwicklung angewiesen: Es braucht einen regelmäßigen Rhythmus in seiner Versorgung und verlässliche Befriedigung seiner andrängenden Bedürfnisse. Es braucht die Bereitschaft von Mutter und Vater, sich in die Innenwelt des Kindes einzufühlen. Jammern Sie – nicht in Gegenwart des Babys! – laut vor sich hin, dann spüren Sie selbst, welches Gefühlsdrama sich in Ihrem Kind abspielen kann.

»Du bist ganz unglücklich, ich sehe das an deinen Augen! Mama/Papa wird dich trösten, damit du wieder froh sein kannst.« Ein solcher einfühlender Satz kann zu einem ersten Schritt heraus aus dem Unglücklichsein werden. Ein Säugling braucht die wachsende Sicherheit vorauszusehen, was auf ihn zukommt; mit dieser Voraussehbarkeit kommt ein erster Schritt zur Unabhängigkeit zustande. Und mit diesem Gefühl wächst die Neugier, die Welt zu be-greifen und zu erkunden.

Vater und Kind

Viele junge Väter sind heute dabei, auch ihre kleinen Kinder in ihre Obhut zu nehmen. Diese Veränderung im väterlichen Verhalten lässt sich im Straßenbild und auch in jungen Familien beobachten. In den letzten Jahrzehnten hat sich unser Mutter- und Vaterbild verändert. Sehr lange Zeit war Vätern der Bereich »rings um die Geburt« verschlossen. »Ich bin sehr einverstanden, dass ich bei der Geburt unserer Tochter bei meiner Frau sein kann«, sagt ein werdender Vater, der seine Frau »von der ersten Wehe an« unterstützen will. Auch Frauen sind heute bereitwillig geworden, ihren Männern kleine Kinder anzuvertrauen, gewiss aus unterschiedlichen Gründen. »Ich weiß, mein Mann wird mir helfen, wenn wir ein Kind bekommen. Noch wichtiger ist mir, dass wir eine wirkliche Familie werden können, nicht nur an Weihnachtstagen. Ich habe sehr gelitten darunter, dass bei uns immer nur zwei zusammenpassten, der Dritte war stets einer zu viel.« In dieser Familie galt sogar beim gemeinsamen Essen die Regel, Erwachsene dürfen dabei sprechen, Kinder jedoch nicht.

Vor kurzem habe ich einen jungen Vater kennen gelernt, der mir durch seinen herzlichen Kontakt mit seinem kleinen Kind aufgefallen ist – wir wohnen im gleichen Wohnhaus. Die gerade zweijährige Tochter Laura hat vor knapp vier Monaten eine Schwester bekommen. Laura gab ihr den Namen Lilli, und beide Eltern mochten dem zustimmen. Die zweite Tochter gab mir die Gelegenheit, den Vater zu bitten, mir von seinen ersten Eindrücken vom neuen Baby zu erzählen.

»Für mich ist das Baby ein zartes Geschöpf, noch ganz bestimmt von seinem Hunger, seinen Schlafbedürfnissen, vom Gestilltwerden und Sattwerden. Ganz am Anfang hatte ich zu ihm noch kein inneres Band, stolz war ich auf diese Tochter aber auch. Wenn ich ihr jetzt mit meinen Händen zuwinke, werden ihre Augen groß und ihr Gesicht verändert sich, es kommt Bewegung hinein. Irgendwie merke ich, dass sich zwischen mir und ihr etwas tut, eine Art Verbindung von innen.«

Dieser Vater ist ganz vertraut mit Windeln und Füttern, mit Herumtragen und Mithilfe im Haushalt; für ihn gehöre das alles zum Vatersein dazu. »Kollegen in meinem Betrieb denken darüber anders.« Er erinnert an den Satz eines Bekannten, dem er gut zustimmen kann: »Kinder müssen sich auf ihre Eltern verlassen können.«

Seine Frau ist zurzeit nicht berufstätig. »Wir verstehen uns gut, respektieren einander und tauschen viel miteinander aus. Wir waren uns einig über den Zeitpunkt für den Nachwuchs und auch einig, dass wir unsere Kinder in unsere Familien integrieren wollen.« Beide Eltern sind in Familien aufgewachsen, haben Kooperation mit den Eltern erlebt und haben noch heute guten Kontakt mit ihnen. Sie werden von den Eltern und Geschwistern besucht, nicht nur für einen Tag, und fahren auch selbst zu ihnen hin. Die beiden jüngsten Nachkommen, Laura und Lilli, können schon jetzt ihre Fühler ausstrecken und mit mehreren Personen bekannt werden. Diese wachsende Zugehörigkeit zu einer größeren Gruppe von Menschen gehört zu besonders glücklichen frühen emotionalen Erfahrungen und hat einen bereichernden Einfluss auf die Beziehungsfähigkeit der Kinder.

Zwei Tage nach unserem Gespräch in einem geräumigen Wohn- und Kinderspielzimmer sehe ich zufällig die Mutter mit ihrer »großen« Tochter morgens gegen acht Uhr auf der Straße. Beide winken dem Vater nach, der mit dem Auto zur Arbeit fährt.

Vermutlich wird deutlich geworden sein, dass dieser Vater und diese Mutter zu einer »kooperativen Allianz« gefunden haben, zu einer selbstverständlichen Zusammenarbeit, was die Kinder betrifft. Natürlich gibt es unterschiedliche Klimata, die auch ihre jeweilige Vorgeschichte haben. Ein wohliges Klima wächst nicht von allein und lässt sich auch nicht von außen herstellen. Vater und Mutter muss daran gelegen sein, ein solches wohltuendes Klima mitzugestalten. Dazu bedarf es des guten Willens und guter Kräfte auf beiden Seiten. Und es braucht wohl auch einen bejahenden Leitsatz für die Erziehungsaufgabe, die über den Ablauf von Tag und Nacht hinausgeht und sich auf das Lebensgefühl des Kindes bezieht. Wer anstrebt, dass seine Kinder sich wohl in der Familie fühlen können, wird die unausbleiblichen Alltagskümmernisse nicht als Katastrophe oder Unglück einstufen wollen.

Der Vater hat bisher kein psychologisches Buch über kleine Kinder gelesen. Es wird Sie vielleicht erstaunen, dass er die keimende innere Verbindung zwischen der kleinen Tochter und sich trotzdem so ähnlich beschreibt, wie es in vielen Fachbüchern zu lesen ist: »Am Lebensbeginn gleicht der Säugling einem Küken im Ei, noch fehlt ihm die Kraft zum Ausschlüpfen.« (Margret Mahler) Er hat die wachsenden Kräfte seiner kleinen Tochter wahrnehmen können und ihre veränderten Reaktionen auf sich als »winkenden« Vater bezogen. Und ich bin recht sicher, dass dieser kleine Säugling nicht nur auf die »bewegten« Hände reagiert, sondern erste Fühler zu ihm als Person entwickelt; er gehört wie die stillende Mutter zu dessen Umfeld dazu.

Die Mutter scheint keine Ängste zu haben, mit dem geplanten Abstillen die besonders enge Beziehung zu ihrem Baby zu verlieren. Sie mutet ihm zu, mit ihrer Hilfe neue Lernschritte zu machen. Es muss ja *erlernt* werden, dass sich auch im jungen Leben der Tagesablauf verändert. Die innere Entwicklung des Säuglings kommt über angemessene Frustrationen zustande; wie alles Angelegte ist sie auf Zumutungen und Ermutigungen durch Erwachsene angewiesen.

Der Vater hier hat eine erste wichtige »klassische« Vateraufgabe bereits beim ersten Kind gelernt; sie besteht darin, seinem Kind einen *zweiten* Stützpunkt anzubieten.

Damit erweitert sich das Erfahrungsfeld des Kindes um die Zugehörigkeit zu Mutter *und* Vater. Auch eine Großmutter kann eine solche emotionale Bindung an ihren Enkel entwickeln, was bei vaterlos aufwachsenden Kindern von lebenswichtiger Bedeutung sein kann – vorausgesetzt, dass beide Frauen nicht ins Rivalisieren kommen. Sie können sicher sein, dass auch das sehr kleine Kind eine solche Rivalisierung erfühlt und dadurch irritiert werden kann.

Es muss erwähnt werden, dass nicht wenige Mütter aus inneren Gründen das erlebte »Liebesglück mit einem Baby« nicht ohne weiteres teilen können. Das lässt sich bei Frauen beobachten, die mit ihrem Körper nicht wirklich vertraut sind und erstmals eine angstfreie Körpernähe erleben. Sie neigen oft unbewusst dazu, ihr Kind nicht herzugeben, beschreiben sich als »besonders gute Mütter« und spüren nicht, dass sie ihr Kind an sich »klammern«, nicht freigeben in seine eigene Entwicklung.

Nach meinen Erfahrungen liegt Vätern sehr viel daran, kleine Kinder an Schlafrituale zu gewöhnen und es ihnen möglich zu machen, dass sie sich *anpassen* lernen. »Anpassen muss früh gelernt werden, sonst können Kinder schon im Kindergarten oder in der Schule scheitern.« So lautet ein väterlicher pädagogischer Leitsatz eines Vaters von fünf Kindern. Die Fähigkeit des Anpassens hat mit emotionaler Intelligenz zu tun. Wir bleiben Kinder, wenn wir in jeder Situation die »Freiheit des Einzelnen« verteidigen.

Ich zitiere aus einem Fachbuch den Bericht eines »professionellen Vaters«, der deutlich machen kann, wie Zweijährige in ihrer frühen Entwicklungsphase ihren Vater einordnen können:[11]

»Meine Tochter, die mich in den ersten Lebensjahren täglich als Teilzeit-Hausmann erlebte, der auch viel Hausarbeiten wie Putzen und Kochen verrichtete, stand einmal im Alter von etwa zweieinhalb Jahren neben mir in der Küche, während ich das Essen zubereitete. Im Brustton der Überzeugung verkündete sie: ›Gell, Papa, Männer können nicht kochen!‹ Ich war ziemlich fassungslos. Sie war damals sehr mit den Unterschieden der Geschlechter beschäftigt und verbrachte zwei Vormittage pro Woche in einer Tagesfamilie mit sehr traditioneller Rollenverteilung.«

Wir können beobachten, dass kleine Kinder die Realität nicht sehen oder auch verleugnen können, wenn es ihnen innerlich ganz wichtig ist, die Unterschiede zwischen Frauen und Männern zu erfassen.

Mir erscheint es wie ein Segen für das Kind, dass der eben zitierte Vater sein Kind nicht spontan als dumm beurteilt, sondern nachzudenken vermag, wie die Verkennung zustande gekommen ist. Er weiß natürlich, dass Kinder ihr Umfeld anders wahrnehmen als Erwachsene, und er wird darauf vertrauen, dass seine Tochter auch lernen wird, dass Frauen und Männer verschieden sind und dass sie trotzdem die gleichen Tätigkeiten ausführen können.

Über die Verschiedenheit der Geschlechter

Sind die Geschlechter wirklich verschieden? Erlebt der Vater seinen Sohn in gleicher Weise wie seine Tochter? Geht die Mutter mit ihrer Tochter anders um als mit ihrem Sohn? Das Wort vom »Muttersöhnchen« ist gut bekannt; gibt es auch das »Muttertöchterchen«? Warum ist es nicht zustande gekommen?

Ich treffe immer wieder einmal auf den heftig verteidigten Irrtum, dass es egal sei, ob Mutter oder Vater Kinder aufziehe – Kinder seien Kinder! Es komme also nur darauf an, dass ein Kind immer die gleiche Bezugsperson habe. Damit werden die unterschiedlichen Umgangsweisen von Frau und Mann übergangen. Jede Mutter geht auf ihre Weise mit ihrem Kind um, der Vater auf die seinige. Diese Unterschiedlichkeit kann bei Kindern nicht in ihren Köpfen erlernt werden, sie muss vom Kind am eigenen Leib *erlebt* werden können. Manche Kinder – Mädchen und Jungen – haben viel darunter zu leiden, nur mit einem Elternteil aufzuwachsen, sie sprechen ihren Kummer nicht jedem gegenüber aus. Sie sehnen sich nach dem Nicht-Anwesenden und entwickeln Fantasien darüber, was dieser alles für sie tun würde. Ein fünfjähriges Mädchen betet am Abend, wenn die Mutter *nicht* anwesend ist: »Lieber Gott, mach doch bitte, dass der Vater mir einmal eine Karte schreibt.«

Ich werde versuchen, noch ein wenig näher auf die Verschiedenheit der beiden Geschlechter einzugehen. Mit einem Blick auf das Baby lässt sie sich gut beschreiben:

Die *Mutter empfängt* das Kind, sie *trägt* es neun Monate in ihrem Körper und *gebiert* es. Die Mütterlichkeit beginnt überwiegend im eigenen Körper und lässt sich daher auch als »leibliche Mutterschaft« benennen. Am eigenen Leib im körperlichen Zusammensein mit ihrem heranreifenden Kind stellen sich erste Fantasien, Wünsche und Ängste ein. Alles, was wir im Seelischen erleben, teilt sich unserem Körper einschließlich seiner Milliarden von Nervenzellen mit.

Der *Mann* hat eine sehr andere Position auf seinem Weg zum Vater. Er kann nur aus der Distanz die körperlichen Vorgänge seiner Frau nachempfinden. Er muss in seiner *inneren Person* den Weg zur Vaterschaft suchen. Werdende Väter erleben oft ihren eigenen Vater wieder neu und anders. Sie identifizieren sich mit ihm und erinnern an gute und böse Tage. Häufig taucht die Frage auf: »Wird mein Kind mich lieben können?« Der Vater hat auf einem anderen inneren Hintergrund ein unbekanntes Menschenkind vor sich.

Ein Vater berichtet: »Als nach der Geburt unseres Sohnes mir der eingewickelte Säugling auf meinen linken Unterarm gelegt wurde, sein Köpfchen in meine Innenhand, spürte ich plötzlich, dass ich ihm gefühlsmäßig nahe war. Die erste körperliche Berührung war wie ein kleines Wunder.« Er sei wie verändert gewesen und habe sich vorgenommen, seinen Sohn immer zu schützen. »Wie wird ein erster Schritt zu Ihrem Sohn aussehen?« »Als ersten Schritt werde ich meine Frau schützen und stützen, sie wird es brauchen.«

Viele junge Mütter haben ihre Partner »hilfreich und stärkend« erlebt; von »Tröstungen und Zärtlichkeiten« ist die Rede. Was könnte dagegen sprechen, dass Mann und Frau verschieden sind und ihre Elternschaft sich auf unterschiedlichen Wegen entwickelt?

Der Appell an die *Gleichwertigkeit* von Mann und Frau wird nicht aufhören dürfen. Sie ist im Wachsen, so meine ich, wenn ich an verantwortliche soziale und politische Positionen von Frauen denke. Sie haben sich ihr Gefühl für Langfristigkeit erhalten und wagen auch einen Blick auf die zunehmenden Beziehungsnöte in unserer Gesellschaft. Ich denke, wer die Verschiedenheit von Mann und Frau nicht innerlich wahrnehmen kann, wird die genannte Gleichwertigkeit nicht einfühlen können.

»Das Gehirn ist ein Sozialorgan«

Diese Aussage von Dr. Gerald Hüther soll Sie ein wenig stutzig machen und Sie fragen lassen: Das Gehirn – ein Sozialorgan? Kann das stimmen? Sozial hat doch mit Gefühlen zu tun! Sie haben guten Grund, das Gehirn ein *Denkorgan* zu nennen – das ist es *auch*. Erst in jüngster Zeit kann das Gehirn als Denk- *und* Sozialorgan bezeichnet werden, weil es der neurobiologischen Forschung möglich geworden ist, das Zusammenspiel zwischen dem Gehirn, der schwer fassbaren Seele und dem jeweiligen sozialen Alltag sichtbar zu machen.

Darum betont Gerald Hüther, dass der Säugling in seinem ersten Lebensjahr besonders auf positive Gefühlsempfindungen angewiesen ist, die ihn einen »Zipfel« der verloren gegangenen Geborgenheit im Mutterleib wieder finden lassen. Diese Aussage kommt von einem Neurobiologen, der sich sehr lange mit der Entwicklung des Gehirns und auch mit dessen verzögerter Entwicklung beschäftigt hat. Er gehört zu den Naturwissenschaftlern, für die emotionale Empfindungen unlöslich mit dem Körper und deshalb auch mit dem Gehirn verbunden sind. Es gibt nichts Seelisches, das nicht seine körperliche Entsprechung hat.

Für erfahrene Psychosomatiker ist das Wort »psychisch« gleichbedeutend mit »psychosomatisch«.

Die unlösbare Zusammengehörigkeit von Denken, Fühlen und Handeln gilt natürlich für das ganze Leben. Mit Blick auf die Schulzeit will ich hier einfügen, dass Intelligenz, Zuhören und Stillsitzen für die Schulfähigkeit nicht ausreichen. Es sind die Persönlichkeitsmerkmale des Kindes, die über die neu zu erwerbende Fähigkeit entscheiden. Wenn sich ein Kind von seiner Familie nicht angenommen fühlt, überträgt es auf seine jeweils persönliche Weise das schlechte Selbstwertgefühl auf sein neues »Beziehungsfeld«, die Schulklasse. In seinem Kopf und seiner Seele spukt bewusst oder unbewusst die Angst herum, ob andere Menschen es um seiner selbst wegen leiden können. Diese emotionale Unsicherheit teilt sich seinen Hirnfunktionen mit und kann Inter-esse (Dabei-Sein) und Konzentration erheblich behindern.

Zurück zum Säugling: Manche Hirnforscher sprechen von einem »Zeitfenster« am Lebensbeginn und dieses Fenster ist für die Gefühlsempfindungen des Säuglings offen. Die Natur hat vorbestimmt, dass der wichtigste Teil für ihn in seiner neuen Welt die betreuenden Menschen sind. Tag und Nacht, Woche für Woche lernt er seine Artgenossen am eigenen Leib kennen.

Eine erste emotionale Sicherheit kommt zustande, wenn der Hunger vom Zeitgefühl des Babys her gestillt wird, wenn sein körperliches Unbehagen nicht übersehen, sondern beachtet und ausgeräumt wird, und wenn Mutter und Vater verlässlich zur Verfügung stehen, sobald jämmerliches Schreien und Weinen auftreten. Umsorgtwerden tut dem kleinen Kind gut, weil es sich anvertrauen lernt und sich beachtet fühlen kann. Die Befriedigung seiner körperlichen Bedürfnisse ist eine wichtige Erfahrung für sein inneres Wohlgefühl.

Fast 100 Jahre hat man angenommen, über den Stillvorgang entwickle sich eine Bindung zur Mutter. In volkstümlicher Sprache: Auch beim Baby gehe die Liebe durch den Magen. In dieser Zeit war nicht bekannt, dass der menschliche Säugling auch mit einem »Bindungssystem« geboren wird, dass die Natur vorgesorgt hat, dass zwischen Säugling und Mutter eine Bindungsbrücke möglich ist.

»Menschenkinder sind Waisenkinder der Natur«, so heißt ein Satz des Theologen Herder. Er hat vor mehr als 200 Jahren intuitiv gewusst, dass die Natur allein nicht ausreicht für die Entwicklung des Menschen. Das Kind braucht die Bezogenheit zum anderen Menschen, damit sich seine sozialen Anlagen entfalten können. Die alte Weisheit, dass der Mensch vom Brot allein nicht leben kann, gilt offensichtlich auch für unsere moderne Zeit.

Der Mensch kommt *unfertig* auf die Welt, sein Gehirn ist bei seiner Geburt sehr viel unreifer, jedoch auch sehr viel stärker *formbar,* als es vergleichbare Gehirne von Tieren sind. Formbar wohl deshalb, so denke ich, weil das Gehirn sich nicht von selbst entwickelt; seine Plastizität hängt von seiner *Nutzung* ab. Der Weg vom »Liegebaby zum Entdeckerkind« verlangt dem Säugling ein erhebliches »Pensum« ab, also eine Nutzung seiner Nervenzellen, was zur Struktur des Gehirns beiträgt. Es ist das Lebendige, was den Säugling anzieht, unlebendige Gegenstände haben noch wenig Anziehungskraft. Und weil der Säugling sein Gehirn als Sozialorgan benutzt, lernt er die Menschen kennen. Schon in der zweiten Hälfte des ersten Lebensjahres kann er eine Rangordnung in seiner Bewertung der ihm vertrauten Menschen bilden.

Was formbar ist, ist immer auch ver-formbar. Vielleicht kennen manche von Ihnen das Experiment an Säuglingen, das vor rund 800 Jahren von Kaiser Friedrich II. angeordnet wurde. Er wollte herausfinden, mit welcher Ursprache der Mensch geboren wird, und ließ zu diesem Zweck eine Anzahl von Kindern von Geburt an von Ammen aufziehen. Sie hatten die Aufgabe, ihre Zöglinge gut zu versorgen, jedoch weder mit ihnen noch in ihrer Gegenwart zu sprechen. Dieser Versuch wurde erst Anfang des vergangenen Jahrhunderts bekannt. Der Bericht eines italienischen Fraters schließt mit den Worten: »Die Kinder blieben stumm und starben alle.«

Von heutigen Beobachtungen und Erkenntnissen her ist das tragische Ende dieser Kinder verstehbar. Die Entwicklung des Menschen ist kein Naturvorgang, sie geht nicht nur nach chemischen und physiologischen Gesetzen vor sich. Sie ist von Anfang an eingebettet in die Beziehung zu anderen Menschen. Schon der kleine Mensch braucht die Nähe der anderen, um leben zu können.

Dass jedes Menschenkind mit einmaligen Anlagen auf

die Welt kommt, ist Ihnen gut bekannt. Dass seine angeborenen Möglichkeiten keine fertigen Fähigkeiten enthalten, sondern Angebote sind, die auf Anregungen von außen angewiesen sind, wird leicht verkannt. Und dass das Neugeborene nicht nur seine Gene mitbringt, sondern auch die Vergangenheit während seiner vorgeburtlichen Zeit und die Art seines Geburtsvorganges, wird oft übersehen.

Über die Frage der Gewichtung von Anlage und Umwelt ist lange gestritten worden, der Streit hat sich inzwischen größtenteils gelegt. Vermutlich geht die Diskussion darüber in manchen Familienkreisen weiter. Wenn etwa der Augenabstand eines Babys der gleiche ist wie der beim Großvater, kann das dazu verführen, auf die gleichen Charaktere von Großvater und Baby zu schließen. Auf diesem Weg kann sich der Großvater ohne sein Wissen in den Umgang der Tochter und des Schwiegersohnes mit seinem Enkel »einschleichen«. Doch Vorsicht: Augenabstand und Charakter sind zwei »etwas« unterschiedliche Bereiche.

Die Hirnforschung hat lange Zeit die Theorie vertreten, dass sich das Gehirn mit seinen Milliarden von Nervenzellen nach Naturgesetzen entwickelt. Inzwischen hat sich die Ansicht durchgesetzt, dass die persönlichen Lebenserfahrungen auch ihren Anteil an der Gehirnentwicklung haben. Das wird an der folgenden kleinen Skizze deutlich:

Auf einem Foto sehe ich einen gut drei Jahre alten Jungen, der eine Riesenschlange um seinen Hals und Körper trägt. Ich erinnere mich noch an meine Skepsis: Wie kann ein Kind angstfrei mit dieser Riesenschlange umgehen?

Bis dahin hatte ich nicht gewusst, dass wir Menschen eine genetisch vorprogrammierte Abwehr gegen feuchte, glitschige und bewegliche Substanzen mit auf die Welt bringen. Es ist also vorgesehen, dass wir Angst vor Schlangen haben und sie hinter Glas eingesperrt betrachten mögen. Was war bei diesem Jungen passiert? Sein Vater ist ein Schlangenbändiger. Das Kind hat eine sichere emotionale Beziehung zu seinem Vater entwickeln können, ist seinen Spuren angstfrei gefolgt und hat sich wie der Vater den Schlangen zugewandt. Anders gesagt: Er hat sein mitgebrachtes Gen überformt infolge seiner Identifikation mit dem Vater. Vermutlich wundert sich dieser Junge, dass viele Kinder Angst haben und vor Schlangen weglaufen. Gene steuern nicht nur, sie werden auch gesteuert.

Lässt sich ein anschaulicheres Beispiel für das Ineinander von Kleinstkind und seinen nächsten Bezugspersonen finden? Was in diesem Ineinander, in der wechselseitigen Kommunikation zwischen Mutter/Vater und Säugling vor sich geht, wird deshalb *unsichtbare Wirklichkeit* genannt, weil es unseren Sinnen unzugänglich ist. Beziehung geht über die einzelne Person hinaus, jede Person kann nur ihre *eigene* Gefühlslage erkennen.

Die Hirnforschung ist heute zu der Erkenntnis gekommen, dass die Entwicklung des kindlichen Gehirns wesentlich von seinen psychosozialen Erfahrungen abhängt. Etwa die gleichen Anteile von ererbten Anlagen und frühen Lebenserfahrungen bilden eine erste Struktur und Ausgestaltung der Milliarden Nervenzellen.

Hoffentlich habe ich ein wenig zugänglich machen können, dass das Gehirn als Sozialorgan die persönliche Entwicklung des Kindes an seinem Lebensbeginn bestimmt. Der Säugling *lernt* in Beziehungen, anhand der Erfahrungen mit seinen ihm vertraut werdenden Menschen. Darum ist jedem Säugling zu wünschen, dass er in einem freundlichen und zugewandten Klima aufwachsen kann. Er wird als Individuum und Sozialwesen zugleich geboren und bleibt es sein Leben lang.

Ausblick

Im letzten Abschnitt dieses Buches werde ich Sie mit einer »zweiten Nabelschnur« bekannt machen. Auch wenn jeder Säugling von jedem anderen Säugling unterschieden werden kann, geben alle gesunden Säuglinge ihre Kraft zum Überleben kund und setzen sich für ihre andrängenden vitalen Lebensbedürfnisse ein. Diese Bedürfnisse sind gleichsam seine *erste* Sprache, sie lassen einen Blick auf sein Temperament und seine Eigenart zu.

Wie sieht es im Inneren des Säuglings aus? Diese Frage kann schon sehr früh gestellt werden, weil am Lebensbeginn die Verwobenheit von körperlichen und seelischen Empfindungen besonders ausgeprägt ist. Sehr bald lässt sich etwa ein inneres Wohlbehagen erkennen an seiner Mimik, seiner Gestik und an seinem Hineingleiten in den Schlafzustand.

Ich habe versucht, Ihnen den Säugling als *fühlendes Lebewesen* nahezubringen, im Besitz von Körper *und* Seele. Seine frühen Gefühlserfahrungen verdienen deshalb eine Sonderstellung, weil sie auf dem Hintergrund seiner biologischen Reifung den übrigen Wahrnehmungen *vorausgehen*.

Sie wissen, liebe Leser, dass die Nabelschnur eine gesicherte Verbindung zwischen Mutter und Kind darstellt, sie hat ihre Schuldigkeit nach neun Monaten getan. Sie wissen, dass ein ungeborenes Kind den bergenden Schoß seiner Mutter nicht verlieren kann, und Sie wissen auch, dass das Baby mit seiner Geburt ein extrem verändertes Umfeld erlebt. In seinem ersten Nest hat es Geborgenheit, Verbundenheit und auch Grenzen erlebt. Wann immer das Kind in der Gebärmutter Hand oder Fuß ausstreckte, spürte es eine Grenze; es lebte im wahrsten Sinn des Wortes in einer *»be-greifbaren«* Welt. Nun stellt sich die Frage: Auf welche Weise kommt ein *»zweites* Nest« zustande?

Die Natur hat auf zweierlei Weise vorgesorgt: Das Menschenkind ist intuitiv auf Angepasstheit an seine neue Umgebung angelegt und mit einem »Bindungssystem« ausgestattet, welches sich in Aktion setzt, sobald es sich unbehaglich und verlassen fühlt. Die Natur kann diese neuartige Geborgenheit nicht absichern, dafür werden Menschen gebraucht. Der erste Mensch, der dem Neugeborenen begegnet, ist seine Mutter; sie vermag es, ihn zu nähren und zu wärmen und ihm so eine neue unsichtbare »Nabelschnur« zu vermitteln.

Die neue Nabelschnur besteht aus positiven Gefühlserfahrungen. Sattwerden, Körpernähe der Mutter, Getragenwerden, Trösten, Schaukeln und Zärtlichkeiten lassen sich als wohliges Netz auf der Haut des Säuglings beschreiben. Diese Körperberührungen sind *keine* Verwöhnung, sondern *emotionale* Nahrung, die auf unsichtbarem Weg ins Innere des Kindes dringt und ein ebenso unsichtbares Gefühlsband zur Mutter entstehen lässt. Diese emotionale Nahrung kommt seiner ganzheitlichen Entwicklung zugute: seinem Fühlen, seinem Denken und seinem Handeln und damit zugleich seinen Milliarden Nervenzellen und ihren sich entwickelnden Verschaltungen.

Genauer gesagt: Das, was sich in den zwischenmenschlichen Beziehungen vollzieht, hat enormen Einfluss auf unsere Gene und deshalb nicht nur seelische, sondern auch biologische Auswirkungen. Unsere Hirnfunktionen bringen eine *Umwandlung von Erlebniseindrücken* zustande. Diese faszinierende Entdeckung der neurobiologischen Forschung sollte nicht nur den Fachleuten vorbehalten bleiben. Ich denke, viele Laien werden dieses Ineinanderspiel von Körper, Geist und Seele mit Staunen und Ehrfurcht vor der Natur des Menschen wahrnehmen können.

Das Bild einer emotionalen Nabelschnur kann vielleicht mithelfen, ein zweites sicherndes Nest aufzubauen. Diese zweite Nabelschnur gehört ins erste Lebensjahr, in dem der Säugling seine neue Welt *erfühlt* und anhand seiner täglichen und nächtlichen »Lebenserfahrungen« seine grundlegende Charakterstruktur entwickelt.

Andauernde *Gefühlsnöte* im ersten Lebensjahr verhindern die Entwicklung einer emotional gesicherten Beziehung zur Mutter (zur wesentlichen Bezugsperson). Aufgrund einer solchen inneren Ungesichertheit bleibt meist auch die gegenständliche Welt ohne Reiz und Aufforderungscharakter, die Freuden am Tun und Gestalten bleiben aus. Damit geht die frühe Lernstufe verloren, die aus *Spielen mit wachsender Eigenaktivität* besteht. Wir tun uns schwer, die frühe Kindheit als die produktivste Lebensphase anzuerkennen. Manchmal stelle ich mir die bange Frage, ob nun auch der Säugling unserem Konsum- und Leistungsdenken angepasst werden wird?

Allen Müttern und Vätern wünsche ich herzlich, schon ihren Säugling als fühlendes Lebewesen achten zu lernen. Wenn wir nicht bereit werden, das Innenleben des Kindes in unsere Umgangsweisen einzubeziehen, besteht die Gefahr, die sehr kleinen Kinder wie Gegenstände, wie Objekte zu behandeln und ungewollt über ihre Einmaligkeit, ihr Subjektsein hinwegzugehen.

Der Buchtitel *Seelenhunger*[12] hat mich angerührt. In diesem Buch schreibt der Autor Daniel Hell, ein Schweizer Klinikdirektor und Psychiatrieprofessor, dass alle seine Patienten an »Seelenhunger« leiden. Er tritt für eine Heilkunde ein, die sich an deren inneren Erleben und Gefühlen orientiert. Der Titel wirft die Frage auf: *Wonach hungert die menschliche Seele?* Antworten wird es viele geben. Kann ich Sie ermutigen, Ihre eigene Antwort auf diese Frage für sich und Ihr Kind zu suchen?

Zwei meiner Antworten füge ich hier ein:

- Ihr einjähriges, jetzt nicht mehr nur saugendes Kind hungert danach, auf eigenen Füßen und mit eigenen Händen sein Umfeld zu be-greifen und zu unter-suchen. Es hungert danach, auch dann Ihren Schutz zu bekommen, wenn seine Entscheidungen in Ihren Augen falsch sind. Es hungert nach einem klaren JA und nach einem klaren NEIN und danach, viele gemeinsame Freuden mit Ihnen teilen zu können.

- »Ich möchte ich werden«, so beginnt der Bericht eines gut 40-jährigen Vaters, der es mit seinen Entscheidungen schwer hat. Seine Seele hungert nach einer persönlichen Identität, nach einer inneren Kraft, die ihm die Balance zwischen guten und schlechten Tagen – etwa durch veränderte neue Lebensanforderungen – sichert. Seine Seele hungert danach, trotz heller und dunkler Tage das Leben annehmen zu lernen.

Kehren wir zum Neugeborenen zurück: Es wird mit dem Bedürfnis geboren, in seiner Einmaligkeit geliebt zu werden und lieben zu lernen. Sollten diese liebenden Kräfte, das Mitfühlen von Freude und Schmerz des anderen, eben auch des kleinen Kindes, das *Humane* im Menschen ausmachen? Am Lebensbeginn müssen unsere Kleinsten am eigenen Leib, in unserer Stimme und unseren Augen wahrnehmen können, ob sie willkommen und bejaht werden. Worte der Liebe reichen nicht aus. Und weil auch Mütter und Väter nicht vollkommen sein müssen, dürfen sie mit sich selbst nachsichtig sein. Jeder neue Tag macht neue Schritte möglich, und jeder kleine Schritt kann fruchtbar werden.

Anmerkungen

1 Zitiert nach Katharina Zimmer: *Erste Gefühle. Das frühe Band zwischen Kind und Eltern,* München 1998.

2 Diese Anmerkung geht weit über das Säuglingsalter hinaus. Der ungeheuerliche Satz, dass Engel nur *braven* Kindern eine Seele schenken, hat mich veranlasst, Ihnen ein wenig das Wunder unserer Sprache näherzubringen.

Die schlimme Botschaft verwandelt im kindlichen Verständnis den schützenden Engel in einen kontrollierenden Engel. Kinder *müssen* sich die Seele verdienen! Mir ist kein Kind bekannt geworden, das sich nicht an irgendeiner Stelle als »schuldig«, also als »nicht brav« beurteilt. Schuldgefühle können sich schon früh einnisten.

Kleine Kinder denken anders als Erwachsene. Sie nehmen mit ihrem Gefühlsdenken intuitiv unsere Sprache auf. Ihr Verständnis ist deshalb nicht falsch, es entspricht ihrer Reifestufe. Lachen Sie es nicht aus, vermeiden Sie zu frühe Richtigstellungen. Nutzen Sie die Gelegenheit, Ihr Kind in seiner *jetzigen* Verständnisstufe kennen zu lernen.

Die Sprache ist das umfassendste Verständigungsmittel unter uns Menschen. Worte können ermutigen und Hoffnung geben, sie können verletzen und irritieren, weil sie ins Gehirn *und* in unsere Seelenlandschaft fließen. »Das habe ich ja nur gesagt«, dieser Satz kann Mutter und Vater leicht über die Lippen gehen. Kinder nehmen ihre Worte *ernst,* sie verstehen sie *wörtlich.* Deshalb kann ein solcher Satz sehr kränken und dazu beitragen, dass Ihr Kind den Respekt vor Ihnen verliert. Ich wünsche Eltern, dass sie ihre Sprache den Kindern gegenüber einigermaßen wahrnehmen lernen und ihnen auch eigene Gedanken zugestehen.

3 Katharina Zimmer: *Erste Gefühle,* München 1998.

4 Elfie Schloter, Diplompsychologin und Familientherapeutin, hat 1995 das »Institut für Zusammenarbeit im Erziehungsbereich« (IFZE) gegründet, um eine Zusammenarbeit zwischen Schule und Erziehungsberatung anzuregen. Die hier genannte Projektgruppe will Müttern mit Säuglingen einen Austausch untereinander möglich machen.

5 Frédérick Leboyer: *Sanfte Hände. Die traditionelle Kunst der indischen Baby-Massage,* München, 20. Aufl. 2002; Christina Voormann/Govin Dandekar: *Babymassage – Berührung, Wärme, Zärtlichkeit,* München, 6. Aufl. 2002.

6 Karl Gebauer/Gerald Hüther: *Kinder brauchen Wurzeln. Neue Perspektiven für eine gelingende Entwicklung,* Düsseldorf 2001.

7 Martin Dornes: *Der kompetente Säugling. Die präver-*

bale Entwicklung des Menschen, Frankfurt/M. 1993; Lotte Köhler: *Ergebnisse und Auswirkungen der Säuglingsbeobachtung auf Theorie und Praxis der Psychoanalyse,* Fachvortrag, 1991 (unveröffentlicht).

8 Vor allem das erste Lebensjahr scheint an Bedeutung und auch an Konflikten zuzunehmen. Darum halte ich das wachsende Angebot für Mütter mit Kindern in den ersten beiden Lebensjahren für eine wesentliche und vorbeugende Hilfe. Einige Angebote führe ich auf:

- *Mutter-Kind-Gruppen:* einmal wöchentlich in vielen Städten und Gemeinden;
- *PEKiP-Gruppen* (Prager-Eltern-Kind-Programm) in ganz Deutschland: Ein Jahr lang werden Eltern und ihr Baby von einer ausgebildeten Fachkraft begleitet. Kontaktadresse: PEKiP e. V., Geschäftsstelle, Am Böllert 3, 47269 Duisburg, Tel.: 02 03/71 23 30, E-Mail: info@PEKiP.de;
- *Babyambulanzen:* Mutter und Kind werden gleichzeitig therapeutisch betreut, wenn die Kinder unter Schlaf- und Essstörungen sowie unter anhaltendem Schreien leiden;
- *Therapeutische Beratung für Mutter und Kind* im Hauner'schen Kinderspital: Lindwurmstr. 4, 80337 München, Tel.: 0 89/51 60-0, Leiter: Dr. med. Karl-Heinz Brisch;
- *Musik- und Atemtherapie für Mutter und Kleinkind:*

Gisela Lenz, Goethestr. 54/Rgb., 80336 München, Tel.: 0 89/54 40 41 88.

9 Nach George Downing: *Körper und Wort in der Psychotherapie. Leitlinien für die Praxis,* München, 2. Aufl. 2000.

10 Daniel Stern: *Die Lebenserfahrung des Säuglings,* Stuttgart, 8. Aufl. 2003.

11 Wilfried Datler u. a. (Hrsg.): *Die Bedeutung des Vaters in der frühen Kindheit,* Gießen 2002.

12 Daniel Hell: *Seelenhunger. Der fühlende Mensch und die Wissenschaften vom Leben,* Bern, 2., korr. Aufl. 2003.

Dank

Herzlich danke ich meinen jungen und alten Freunden, die mir bei der Zusammenstellung dieses etwas anderen Säuglingsbuchs geholfen haben. Besonders danken möchte ich den jungen Müttern für ihre Berichte über das erste Zusammentreffen mit ihrem Kind. Ebenso herzlich danke ich Katharina Huss, Dozentin am Münchner Alfred Adler Institut, für ihre anregende und kritische Durchsicht meines Manuskripts und die viele Zeit für einen intensiven Gesprächsaustausch.

Ohne den Vorschlag der leitenden Lektorin vom Kösel-Verlag wäre das kleine Buch nicht zustande gekommen. Nach längerem Zögern habe ich die unerwartete Aufgabe angenommen, so dass ich heute Dagmar Olzog für ihre Herausforderung herzlich danke. Sie hat mir gutgetan und mir wieder ein vertieftes Verständnis vom Beginn unseres Lebens und der menschlichen Natur gebracht.

Mit Freude und Anregung habe ich erneut den Kontakt mit einem männlichen Kollegen wahrgenommen. Eine sehr junge neurobiologische Erkenntnis kann ich heute bestätigen: Das Gehirn lässt auch den alt werdenden Menschen nicht im Stich, der sich auf gedankliche Herausforderungen einlässt.

Den mir noch immer fremden Computer habe ich durch Rita Niedermaier schätzen gelernt; ich danke ihr für die geduldige Übernahme meiner vielen Veränderungswünsche.

Literatur

Verwendete Literatur

Datler, Wilfried/Gstach, Johannes/Steinhardt, Kornelia (Hrsg.): *Die Bedeutung des Vaters in der frühen Kindheit,* Gießen 2002

Dornes, Martin: *Der kompetente Säugling. Die präverbale Entwicklung des Menschen,* Frankfurt/M. 1993

Downing, George: *Körper und Wort in der Psychotherapie. Leitlinien für die Praxis,* München, 2. Aufl. 2000

Dührssen, Annemarie: *Psychogene Erkrankungen bei Kindern und Jugendlichen. Einführung in die allgemeine und spezielle Neurosenlehre,* Göttingen, 15. Aufl. 1992

Gebauer, Karl/Hüther, Gerald: *Kinder brauchen Wurzeln. Neue Perspektiven für eine gelingende Entwicklung,* Düsseldorf 2001

Hell, Daniel: *Seelenhunger. Der fühlende Mensch und die Wissenschaften vom Leben,* Bern, 2., korr. Aufl. 2003

Hüther, Gerald: *Biologie der Angst. Wie aus Stress Gefühle werden,* Göttingen, 5. Aufl. 2002

Hüther, Gerald: *Wie aus Stress Gefühle werden. Betrachtungen eines Hirnforschers,* Göttingen, 2. Aufl. 2002 (Bildband mit meisterhaften Fotografien)

Köhler, Lotte: *Ergebnisse und Auswirkungen der Säuglingsbeobachtung auf Theorie und Praxis der Psychoanalyse,* Fachvortrag, 1991 (unveröffentlicht)

Leboyer, Frédérick: *Sanfte Hände. Die traditionelle Kunst der indischen Baby-Massage,* München, 20. Aufl. 2002

Meier-Seethaler, Carola: *Gefühl und Urteilskraft. Ein Plädoyer für die emotionale Vernunft,* München, 3., durchges. Aufl. 2001

Spitz, René A.: *Angeboren oder erworben? Die Zwillinge Rosy und Cathy,* Weinheim 1999

Spitz, René A./Cobliner, Godfrey W.: *Vom Säugling zum Kleinkind. Naturgeschichte der Mutter-Kind-Beziehungen im ersten Lebensjahr,* Stuttgart, überarb. Aufl. 1996

Stern, Daniel: *Die Lebenserfahrung des Säuglings,* Stuttgart, 8. Aufl. 2003

Stern, Daniel: *Mutter und Kind. Die erste Beziehung,* Stuttgart, 4. Aufl. 2000

Voormann, Christina/Dandekar, Govin: *Babymassage – Berührung, Wärme, Zärtlichkeit,* München, 6. Aufl. 2002

Zimmer, Katharina: *Erste Gefühle. Das frühe Band zwischen Kind und Eltern,* München 1998

Weitere empfohlene Literatur

Brazelton, T. Berry: *Babys erstes Lebensjahr,* München 1994

Brazelton, T. Berry: *Ein Kind wächst auf. Das Handbuch für die ersten sechs Lebensjahre,* Stuttgart 1995

Keyserlingk, Linde von: *Geschichten für die Kinderseele,* Freiburg, 7., neuausgestatt. Aufl. 2001

Manes, Sabina: *Mama ist ein Schmetterling, Papa ein Delphin,* München 1998

Molcho, Samy: *Körpersprache der Kinder,* München 1996

Morris, Desmond: *Babywatching – Die Körpersprache der Babys. Was dir dein Baby sagen will,* München 1998

Reck-Irmler, Barbara: *Unser Baby. 100 Fragen und Antworten zum ersten Jahr,* Berlin 2000

Sommer-Bodenburg, Angela: *Ich liebe dich trotzdem immer. Gedichte,* München 2000

Winnicott, D. W.: *Reifungsprozesse und fördernde Umwelt,* Gießen 2002

Zimmer, Katharina: *Was mein Baby sagen will. So finden Eltern mehr Vertrauen in ihre angeborenen Fähigkeiten,* München 1999

Über einige Bücher für die ersten beiden Lebensjahre

Wenn Kinder Bücher »lieben« lernen sollen, tun Sie gut daran, mit Bilderbüchern anzufangen. Bilder-Bücher sind *keine* Vorlesebücher, Gedrucktes lässt sich mit eigenen Worten erzählen. Bilder sind zum Anschauen und zum Fantasieren da.

Es bewährt sich, am Anfang und immer wieder einmal gemeinsam mit dem Kind die Bilder anzusehen; der Erwachsene ist dabei Beobachter und Anreger. Lassen Sie Ihr Kind den »Hund« oder die »Katze« als lebendig erleben, der Hund kann »böse« sein und die Katze »lieb«. Warum sollten »Bilder-Tiere« nicht lebendig sein? Und bitte möglichst keine Belehrungen!

Bücher sollten einen besonderen Platz haben, sie sollten nicht unters Spielzeug verstreut werden. Im frühen Alter sind wenige Bücher *mehr* als viele.

Die Auswahl von Kinderbüchern ist riesengroß. Nehmen Sie sich, wenn irgend möglich, Zeit und Geduld für Ihre Wahl und versuchen Sie mit den Augen Ihres Kindes zu sehen. Leporello-Bücher, also harmonikaartige kleine Faltbücher, kann das Kind mit eigenen Händen betrachten. Auf jeder Seite ist nur ein Bild, in der Regel mag es die Bilder immer wieder sehen. Vielleicht bekommen Hund und Katze auch einen Namen und sie wissen, wo sie wohnen wollen.

Unter vielen geeigneten Bilderbüchern beschränke ich mich hier auf einige wenige aus dem Ravensburger Verlag:

Fechner, Amrei: *Ich bin das kleine Pony,* Ravensburg 2003

Fechner, Amrei/Muller, Gerda: *Alle meine Tiere,* Ravensburg 2003

Neubacher-Fesser, Monika: *Auf dem Bauernhof,* Ravensburg 2003

Senner, Katja/Maßmann, Barbara: *Ich gehe in den Streichelzoo,* Ravensburg 2003

Stevens, Kristina/Künzler-Behncke, Rosemarie: *Ich mag alle Tiere,* Ravensburg 2003

Register

Vater sein dagegen sehr!

256 Seiten
ISBN 978-3-442-39048-9

Der Bestseller über das aufregende Abenteuer, Vater zu werden. Mit unwiderstehlichem Humor lässt Kester Schlenz uns teilhaben an seinen Gedanken, Gefühlen und Zweifeln beim Vaterwerden. Sein Resümee: »Das hat mich total umgehauen.«

128 Seiten
ISBN 978-3-442-39057-1

In zwanzig Geschichten rund um Kinder, Väter, kleine Brüder und den ganz normalen Wahnsinn beschreibt Kester Schlenz, was das Leben mit Kindern so herrlich aufregend macht. Das ideale Geschenk für Väter, Schlenz-Fans und solche, die es noch werden wollen.

Überall, wo es Bücher gibt und **Mosaik bei GOLDMANN** unter www.mosaik-goldmann.de